PARIS

AU DIX-NEUVIÈME SIÈCLE,

RECUEIL DE SCÈNES DE LA VIE PARISIENNE

DESSINÉES D'APRÈS NATURE,

PAR VICTOR ADAM, GAVARNI, DAUMIER, BOUCHOT, BOURDET, CICÉRI, PRUCHE, LEPOITTEVIN, PROVOST, LORENTZ, RIGO, CÉLESTIN NANTEUIL, DEVÉRIA, TRAVIÈS, ETC.

48 Dessins et 200 Vignettes sur bois,

AVEC UN TEXTE DESCRIPTIF

PAR ALBÉRIC SECOND, BURAT DE GURGY, JAIME, ÉMILE PAGÈS, EMMANUEL GONZALÈS, ETC.

Paris

BEAUGER ET COMPIE, ÉDITEURS, RUE DU CROISSANT, 16, HOTEL COLBERT;

AUBERT ET Cie, GALERIE VÉRO-DODAT;   CURMER, RUE RICHELIEU, 49;

DELLOYE, RUE DES FILLES-SAINT-THOMAS, 13;   MARTINON, RUE DU COQ.

1841

PARIS AU XIXᵉ SIÈCLE.

I

LA SALLE DES PAS PERDUS.

Il est bien peu de monumens à Paris dont on puisse deviner la destination par l'aspect. Consultez les étrangers, et tous vous répondront qu'ils ont pris Notre-Dame-de-Lorette pour une succursale de Musard ; la Bourse pour une église ; la Madeleine pour une salle de spectacle et la Morgue pour une petite maison de plaisance. Qui donc s'aviserait de reconnaître le premier théâtre du monde, l'Académie royale de Musique, dans cet indigeste pâté de carton couronné de *huit* muses ? — la neuvième oubliée, est précisément celle de la musique.

Parmi les rares édifices dont la physionomie reflète le caractère, il faut citer, en première ligne, cette grande masse noire, terne et poudreuse qui sert de trait-d'union entre le Pont-Neuf et la Cité, et qui a nom le Palais-de-Justice.

En présence de ces arcades obscures, de ces salles enfumées, de ces couloirs sombres et humides, de ces escaliers tortueux, de tout cet ensemble privé de vie, d'air et de soleil, il n'est besoin ni du *Guide Parisien*, ni d'aucun cicérone, pour deviner qu'on est là, sinon dans un cachot, du moins dans l'antichambre des cachots.

Tout contribue à serrer le cœur dans cet immense dédale, plus inextricable cent fois que celui de Thésée. Tout y respire le vice, la misère et la pauvreté. Regardez les boutiques (car il y a de tout au Palais-de-Justice, même des marchands), ce sont de vieilles hardes, de vieux rubans, de vieux bouquins, de vieux chiffons.

Tout cela sent son Temple à plein nez. Plus loin, voilà des dépôts d'une eau équivoque, baptisée ambitieusement *bouillon hollandais*. Faites un signe, et, pour quelques sous, on va vous servir un potage à la turque ou à la Colbert. Vous le demanderiez à la Crécy ou au lait d'amandes, que ce serait exactement la même chose.

Tout proche de ces restaurans, voici des cabinets de lecture, puis des écrivains publics qui, moyennant salaire honnête, rédigent, avec une égale facilité, pétitions au roi et comptes de cuisinières ; des cordonniers en vieux, des tailleurs comme les cordonniers, et, au milieu de tout cela, une population toujours grouillante et bourdonnante de clercs crottés, de sergens de ville, de gendarmes, d'avocats râpés, d'agens de police et d'oisifs déguenillés qui viennent y chercher de la chaleur en hiver, de l'ombre pendant la canicule et des émotions gratis toute l'année.

Il y a des jours pourtant où le Palais-de-Justice se fait une physionomie un peu moins rechignée. Alors, l'antique poussière est balayée avec soin, les toiles d'araignées sont pourchassées jusque dans les recoins les plus obscurs ; c'est grande fête dans le vieux monument. Les entrées de faveur sont généralement suspendues ; une mise soignée est de rigueur, et ceux-là seuls sont admis qui justifient d'un habit exempt de reprises et d'un pantalon sans solution de continuité apparente. — Et puis, la foule accourt, la foule élégante et joyeuse des premières représentations, du bois de Boulogne et des courses du Champ-de-Mars. La rue de la Barillerie et le quai aux Fleurs s'emplissent d'élégantes voitures ; on dirait les alentours de l'Opéra, un soir que Duprez chante…, tenez, voici la duchesse de B***, cet ange aux blonds cheveux que le dénoûment d'*Otello* plonge toujours dans de si poétiques douleurs, et qui ne manque jamais de s'évanouir à la romance du *Saule*. Ici, c'est la marquise de T***, autre nature de femme, toute volcanique, toute frémissante, à qui les médecins interdisent le quatrième acte des *Huguenots*, comme dangereux pour la délicate faiblesse de ses nerfs.

Eh bien ! savez-vous ce qu'elles viennent faire au Palais-de-Justice, toutes ces femmes ?

— Disputer quelque vieillard au dépôt de mendicité de Saint-Denis ; arracher quelque pauvre jeune fille à la misère et par suite au déshonneur ?

— Bon Dieu ! que vous êtes naïf et que vous savez peu votre monde ! Est-ce que l'on se dérange pour des niaiseries pareilles, fi donc ! On vient chercher des émotions de bagne et de guillotine, assister à des drames réels, joués par de véritables acteurs et qui ne se terminent pas avec la chute du rideau. . . . .

. . . .

Parmi toutes les curiosités que renferme le Palais-de-Justice, il faut placer en première ligne la salle des Pas-Perdus, ainsi nommée parce que c'est là que se promènent les plaideurs, pauvres gens qui perdent toujours quelque chose, même lorsqu'ils gagnent leurs procès.

La salle des Pas-Perdus semble, au premier abord, un nid de pies construit sur une vaste échelle ; et les avocats, ornés de leurs robes noires et de leurs rabats blancs, ne contribuent pas peu à justifier notre métaphore ; les avocats sont là dans leur milieu, dans leur centre, ils y respirent à l'aise et y barbottent comme des poissons dans l'eau. Les personnes que réjouit la vue d'un avocat doivent être dans le ravissement, car il en fourmille une quantité considérable : avocat plaidant, avocat consultant, avocat demandeur ou défendeur ; parlez ; faites-vous ! servir, il y en a pour tout le monde et même il n'y en a plus qu'il y en a encore, car l'avocat est homme à renaître de ses cendres , — ce qui ne veut pas dire que ce soit un phénix.

Un aphorisme qui n'est pas consolant, mais qui a le mérite d'être d'une grande vérité, c'est que MM. les avocats sont fort laids, tant en général qu'en particulier. Vous pouvez vous en convaincre par vous-même, ami lecteur.

Voici d'abord l'avocat en retard de trois minutes et qui se hâte de courir à l'audience ; à voir son empressement vous seriez porté à conclure qu'une douzaine de cliens le réclament. Erreur ! il n'est attendu par qui que ce soit ; il court beaucoup, c'est vrai ; mais les causes lui échappent et la seule chose qu'il puisse attraper, c'est une bonne courbature.

Ceci vous représente l'avocat plaidant, son nez est chargé d'une énorme paire de lunettes. — Vain espoir, ses lumières n'ont point doublé !

Passons maintenant à l'avocat qui s'échauffe. Celui-ci n'est pas plus beau que ses confrères ; mais en revanche, il est peut-être plus laid.

Je ne sais rien d'horrible et de monstrueux comme un avocat qui approche de sa péroraison : son crin se hérisse, ses sourcils se confondent, sa bouche s'entr'ouvre ainsi qu'un gouffre, et il louche d'une façon hyperbolique. Avez-vous encore souvenance d'un certain Croquemitaine dont on effrayait vos jeunes années ? Eh bien ! Croquemitaine n'était qu'un Apollon du Belvédère.

La seule circonstance de sa vie où l'avocat ait une apparence de figure humaine, c'est lorsque ce défenseur de la veuve et de l'orphelin vient de palper le prix de ses contorsions et de ses grimaces. Voyez comme il s'enfle et comme il fait le beau ! on dirait de la grenouille voulant imiter le bœuf. Il va crever, gare de devant !

La salle des Pas-Perdus compte encore un hôte, au moins aussi assidu que l'avocat, c'est l'écrivain public, autre fonctionnaire dont nous aurons à parler plus loin, et dont le type va, chaque jour, en s'effaçant davantage.

La salle des Pas-Perdus s'ouvre tous les jours à neuf heures du matin et se ferme à cinq heures de l'après-midi ; durant cet intervalle, c'est un bourdonnement indiscontinu à rendre sourd un pot lui-même. On y parle vingt langues à la fois : l'anglais se mêle à l'italien, l'italien à l'espagnol et l'espagnol au charabias. Des gens dignes de foi m'ont assuré qu'on n'y parlait presque pas français ; il suffit d'avoir assisté une seule fois à une audience quelconque pour se convaincre de la justesse de cette assertion.

LE BAL MUSARD.

L'antiquité avait ses saturnales ; Venise cite avec orgueil son carnaval devenu classique ; nous autres, nous avons le bal Musard. — Nous ne sommes pas les plus à plaindre.

Quel est le jeune homme, quelle est la jeune fille, quelle est la femme, peu importe son âge, eût-elle même trente ans à la façon des héroïnes d'un illustre romancier, qui ne sente sa chair tressaillir, son sang courir plus rapide dans ses artères et son regard s'allumer des mille flammes du désir, à ce mot, à ce mot magique : LE BAL MUSARD !

Niez donc maintenant le magnétisme et ses influences ! Osez donc révoquer en doute la réalité de tous ces maîtres de chapelle que la plume capricieuse d'Hoffmann a dessinés d'une si adorable façon ! Voilà un homme à qui il suffit de lever le doigt ou d'incliner la tête pour plonger toute une ville dans la folie, dans l'ivresse. Cet homme a réalisé les traditions fabuleuses de la tarentule. Que dis-je ? il les a dépassées : la tarentule ne faisait qu'une victime à la fois. Lui, cet homme, il enivre jusqu'à cinq mille personnes ensemble...., et quelle ivresse ?.... Une ivresse qui vous prend au cœur, à la tête, aux jambes, partout. En vain voudriez-vous fuir ? un quadrille vous enlace, une valse vous retient, un galop vous enchaîne de ses mille liens voluptueux. C'est la tentation de saint Antoine élevée à sa dixième puissance, revue et augmentée de tout ce que l'harmonie peut vous jeter de séductions par les yeux, par les oreilles et par tous les sens.

Il y a quelques dix ans, Musard n'était qu'un pauvre musicien, inconnu de tous et vivant des cinq ou six leçons qu'il donnait en ville, c'est-à-dire ne vivant pas du tout. L'idée lui vint d'aller en Angleterre, et le voilà parti, comme le sage de la Grèce, portant toute sa fortune avec lui, ce qui, en d'autres termes, signifie que son bagage n'était pas lourd.

Après une assez courte absence, Musard revint avec une idée qui, à l'instar de toutes les idées heureuses, ne pouvait manquer de trouver de nombreux plagiaires. Donc, Musard fonda les concerts à bon marché. Que l'on conteste le mérite intrinsèque de sa musique, d'accord ; mais ce qu'il faut avouer, c'est qu'à lui, le premier, revient l'honneur d'avoir mis la mélodie à la portée de tout le monde. Grace à son *invention* (si tant est que l'on puisse parler ainsi), le concert a cessé d'être une entité problématique pour le populaire. Il y a si peu de personnes qui puissent payer dix francs deux heures de musique dans les salons de Herz, de Pape ou d'Érard, cette trilogie aristocratique des concerts !

Mais ce n'est pas à Musard, l'homme-concert, que nous avons affaire aujourd'hui ; c'est à Musard l'homme-bal ; prenons-le donc au sein de sa gloire, au moment où, armé de son puissant sceptre d'ébène, il impressionne et domine à sa guise la foule haletante à ses pieds.

Il est minuit : les portes de la salle de la rue Vivienne vont s'ouvrir ; les barrières fléchissent sous les ondulations de la foule, et la voix du garde municipal elle-même est méconnue. Tout-à-coup,

un bruit formidable se fait entendre et Paris en est ébranlé jusqu'à la hauteur du passage de l'Opéra. C'est un de ces bruits tels que l'imagination d'un rêveur en délire croit en entendre durant les frénésies du cauchemar. On dirait que la rue Vivienne craque et s'affaisse sous son propre poids. Des milliers de voix se réunissent en un seul cri strident et majestueux comme un chœur de Weber ; les portes s'ouvrent et la foule se précipite plus fougueuse qu'une avalanche, plus rapide que la trombe du désert.

A qui n'a jamais assisté à une de ces fêtes sans pareilles ; à qui n'a jamais contemplé, de ses propres yeux, le bal Musard et son délire et ses fureurs, cet article paraîtra, nous n'en doutons pas, exagéré comme un récit des *Mille et Une Nuits*. Mais pour quiconque s'est, une seule fois, mêlé à ce tohubohu, qui n'a de nom dans aucune langue humaine, ces lignes paraîtront à cent pieds au dessous de la réalité. Pour *chanter* dignement le bal Musard, il faudrait tremper sa plume dans une bouteille de champagne, en guise d'écritoire, et surtout l'auteur ne devrait entrer en matière qu'entre trois et quatre heures du matin, après une joyeuse station au café Anglais. Alors seulement il serait convenablement plein de son sujet.

On a dit quelque part que tous les Français sont égaux devant la loi ; c'est possible. Mais ce qui est certain c'est qu'ils le sont bien autrement sous le masque. Grace à un simple morceau de carton et à une légère barbe de soie, l'humanité rétrograde tout-à-coup jusqu'aux temps fortunés de l'âge d'or. Tous les rangs et tous les sexes se confondent avec un charmant abandon : plus de barrières, plus de sots préjugés, le même quadrille réunit l'agent de change et le garçon boulanger. Que n'es-tu là, ô mon spirituel Henry Monnier ! tu verrais, selon l'accomplissement de ton évangélique parole, le fils de pair de France et le marchand de peaux de lapin fraternisant ensemble comme Oreste et Pylade. Voilà pourtant les miracles produits par le cornet à piston des bals Musard ! Je doute

que la trompette du jugement dernier se fasse jamais entendre devant une réunion composée d'élémens plus hétérogènes.

O vous qui me lisez et que mon récit enflamme peut-être du désir d'assister à une nuit de Musard, gardez-vous bien de vous y rendre en gants jaunes, en habit noir, en chapeau à claque et en bottes vernies! Ce serait pis qu'une faute, ce serait un crime. Vous seriez un homme jugé et vous risqueriez fort de languir dans un coin, plus solitaire et plus abandonné cent fois que *le Paria*... de M. Casimir Delavigne. Vous parleriez, on ne vous répondrait pas, ou si quelque bouche s'ouvrait à votre intention, ce serait pour vous baptiser de toute sorte d'épithètes qui n'ont de signification possible que dans le dictionnaire du mardi-gras. Car c'est au bal Musard que fleurit le débardeur, que se complait le postillon et que s'épanouit *le balochard* pur sang.

Mais surtout n'allez pas au bal Musard, vous tous, qui, formés à l'école des Vestris, pratiquez encore la gavotte, le rond de jambes et le jeté-battu. Fuyez! fuyez ces lieux sacriléges, vénérables sectateurs de la danse noble et classique.... ou sinon, couvrez-vous la tête de cendres, barricadez vos oreilles avec force coton et fermez soigneusement les yeux à l'épouvantable spectacle qui vous entoure!

O Dieux vengeurs de la police correctionnelle, vous qui avez reçu de la Providence la mission sacrée de poursuivre sans relâche le *cancan* et ses tendances pernicieuses! dans quel coin retiré sommeillent donc vos foudres vengeresses? Venez, venez vite, la morale expirante vous appelle à grands cris....... Et que parlé-je de cancan! Le cancan est un petit péché véniel, tandis que c'est bien un gros péché mortel que dix mille jambes commettent depuis minuit jusqu'à cinq heures. !

Mais, silence! la porte s'ouvre et un homme paraît sur le seuil. A sa vue, un long frémissement parcourt l'assemblée. Cet homme, c'est Chicard, le génie, l'ame du bal masqué. De ce moment,

le galop bondit plus frénétique, l'orchestre mugit avec plus de puissance, le geste devient plus lubrique, l'atmosphère plus chaude et plus enivrante : c'est une folie universelle, un délire général auquel nul ne peut se soustraire, pas même les gardes municipaux de service qui, s'il faut croire la chronique, se sont mêlés plus d'une fois au galop final.

Le bal Musard restera comme l'un des traits caratéristiques de notre génération ; — génération bizarre et indéfinissable s'il en fût, qui rit d'un œil tandis qu'elle pleure de l'autre et qui ne craint pas de *danser sur un volcan*, selon l'expression (un peu tirée par les cheveux) d'un académicien qui n'en a pas, de M. Salvandy, en un mot.

PARIS

LE JARDIN DU PALAIS-ROYAL.

Il y a ce point de comparaison entre une jolie ville et une jolie femme que l'une et l'autre sont parfaitement capricieuses. Il est bien rare qu'une jolie femme demeure fidèle à son mari ou à son amant, mais il est bien plus rare encore qu'une jolie ville ne fasse pas de *traits* au quartier qui est resté, un certain nombre d'années, le centre de ses préférences.

Paris, sous ce rapport, est l'une des villes des plus jolies femmes qu'on puisse imaginer. Le Marais, le Palais-Royal et le boulevard Italien ont été tour-à-tour ou sont encore ses quartiers de prédilection. Qui pourrait dire quel sera dans vingt années l'emplacement consacré par la vogue? et quel Nostradamus eût deviné, il y a seulement deux lustres, qu'une ville charmante, régulière, poétique et bien bâtie sortirait, comme par enchantement, des steppes arides du quartier Saint-Georges?

Quoi qu'il en soit et quoi qu'il puisse arriver, l'avenir ne nous regarde pas. Modeste historien du *Paris au dix-neuvième siècle*, nous aurions mauvaise grace à vouloir nous jucher sur le trépied de la Sybille. Nous avons été institué pour vous raconter ce qui est et non ce qui pourra être; revenons donc à notre mission pure et simple.

Une chose pénible à dire, et qui, en dépit des Prix-Monthyon et autres institutions vertueuses, ne prouve pas extraordinairement en faveur des bonnes mœurs, c'est qu'à compter du moment où le Palais-Royal est devenu pudique, où il a remplacé par de splendides galeries de pierre ses antiques galeries de bois, si équivoques, si graveleuses et si décolletées, sa vogue a subitement baissé de plusieurs crans. Hélas! oui, en perdant ses innombrables phalanges de syrènes en robes de satin et en chapeaux à plumes, le Palais-Royal a perdu un bon tiers de sa valeur. La fermeture des maisons de jeu lui a porté le dernier coup et aujourd'hui le jardin du Palais-Royal est une promenade ordinaire pour quelques uns, voire même un simple passage pour le plus grand nombre. — Nul doute que la morale n'y ait gagné; mais à coup sûr il n'en est pas de même de la physionomie pittoresque de Paris.

Heureusement le Palais-Royal reste doué d'un avantage qui lui assure une existence au moins aussi longue que celle de l'univers; et cet avantage, le voici: vous n'êtes pas sans avoir promené une pierre aimantée dans un paquet d'aiguilles et sans avoir observé combien grande est la puissance d'attraction de cette pierre. Or, quelque promptitude que mettent les aiguilles à courir s'implanter sur l'aimant, la rapidité avec laquelle tout provincial s'élance vers le Palais-Royal est cent fois plus surprenante. Je défie qu'on me cite un seul étranger, fût-il podagre ou quelque chose de plus, dont le premier soin n'ait pas été d'en demander le chemin aux échos d'alentour et aux commissionnaires du coin.

On vient de faire deux cents lieues; voilà quatre nuits qu'on n'a point fermé l'œil; on est brisé, rompu sur toutes les coutures; peu importe. En vain, le garçon d'hôtel vous offre un souper bien chaud, un bain parfumé, un lit bassiné à point; peine perdue, sollicitations inutiles. « Le Palais-Royal; où est le Palais-Royal? Je veux le Palais-Royal! » vous écriez-vous d'un ton impatient; et ce n'est qu'après vous être convaincu que pour y arriver il faut d'abord prendre à droite, puis tourner à gauche, reprendre à gauche et retourner à droite, re-retourner à droite et re-reprendre à gauche et ainsi de suite, durant quinze minutes, que vous modérez votre ardeur et consentez à remettre jusqu'au lendemain, la série des joies intimes que vous comptez y récolter par douzaines.

Rien n'est beau comme l'entrée du provincial dans ce jardin, objet de tous ses vœux. On dirait qu'il va mettre le pied dans le paradis terrestre, ou tout au moins dans le jardin des Hespérides. Il remonte ses bretelles et contraint son pantalon à dessiner ses formes; il boutonne sa redingote, redresse les deux pointes parallèles de son col de chemise et tâche d'insinuer ses dix doigts, récalcitrans comme vingt, dans une magnifique paire de gants vert-pomme qu'il porte à peine depuis un petit trimestre.

Notre homme, qui croit encore au Palais-Royal de 1825, se promène le nez au vent et les mains dans ses poches, attendant avec une patience formidable que la Providence veuille bien le faire le

héros de quelqu'une de ces mirobolantes aventures comme il s'en

6

rencontre en si grande quantité dans les in-octavos contemporains et si peu dans la vie réelle. Mais c'est en vain qu'il fouille le jardin dans tous les sens et sous toutes les faces, il n'est en butte à aucun épisode de roman ; et lui qui pensait naïvement gagner cinq ou six cœurs, ne gagne en définitive qu'un violent appétit qu'il a du moins le plaisir de satisfaire incontinent. Le Palais-Royal est l'endroit de Paris où l'on dîne davantage. Il ne faudrait rien moins que la puissante organisation de M. le baron Charles Dupin pour calculer ce qu'en une seule soirée il s'y consomme de potages et s'y dévore de beefstacks. Des troupeaux de bœufs et de vaches y passent jusqu'au dernier, et facilement l'on mettrait à flot un brick de cinquante tonneaux, si l'on versait dans un canal toute l'eau, tout le vin et toute la bière qu'on y boit en moins d'une semaine.

Le Palais-Royal a de quoi contenter les appétits les mieux situés et les bourses les moins bien garnies. Véfour et Richefeu y vivent en parfaite intelligence ; le restaurant à quarante sous y coudoie le somptueux étalage des *Frères-Provençaux*. On y dîne à deux louis et l'on y dîne à deux francs. On nous a assuré qu'on y

dînait à trente deux sous, mais nous ne tenons pas excessivement à

nous en convaincre par nous-même.

Or, disons-le en passant, le restaurant à quarante sous nous a toujours paru l'une des plus belles, sinon la plus belle invention de la philantropie moderne. Et, voyez l'ingratitude ! on a totalement oublié le nom d'un aussi recommandable citoyen. Chaque jour on dresse des statues aux bienfaiteurs de l'humanité et l'on te délaisse, toi, de qui les noms et prénoms devraient être enseignés

aux enfans à la mamelle ! — Et l'on nous parlera de la mémoire de l'estomac ! allons donc... je la renie quatre fois ; — une fois de plus que saint Pierre.

Outre sa spécialité d'Eldorado de la province, le jardin du Palais-Royal est aussi le véritable Tortoni de l'art dramatique. C'est là que tous les jours, de midi à quatre heures, la plupart des artistes parisiens se rencontrent à poste fixe. Mais c'est surtout aux approches du mois d'avril, époque où finit l'année théâtrale, qu'on les y trouve en plus grande quantité. Ils s'y donnent rendez-vous pour se raconter mutuellement les triomphes qu'ils n'ont pas obtenus à Pontivy, à Limoges et à Carpentras. A les en croire, il

n'en est pas un, depuis le premier rôle jusques et y compris le souffleur, qui n'ait été assailli de couronnes, de bouquets et de madrigaux. On a pleuré le départ des uns, on a dételé la voiture des autres ; partout, en un mot, le public s'est livré à des scènes réellement impossibles à décrire ; — ce qui n'empêche pas ces Duprez et ces Talma au petit pied d'offrir leur incommensurable talent à raison de dix-huit cents livres par tête.

Le jardin du Palais-Royal est orné de quatre kiosques dont trois sont loués à des cabinets de lecture. Le quatrième est occupé par LE PHARE, *bureau des renseignemens*. C'est encore là une de ces inventions utiles qu'il est bon de signaler à la reconnaissance publique. Qui n'a pas donné un rendez-vous au Palais-Royal et qui n'a pas maudit cent fois les retards d'un ami que vous cherchez à droite, tandis qu'il se morfond à gauche ?

Grace au Phare et à sa bienveillante lumière, l'abus est déraciné. Etes-vous fatigué d'attendre et de maudire ? moyennant deux sous (il ne faudrait pas avoir deux sous, etc.), vous entrez au Phare et vous écrivez sur un registre *ad hoc* : « Mon cher un tel, je t'attends au café de Périgord, les pieds sous la table » et vous signez.

Enfin, à titre d'embellissement suprême, on voit dans le jardin du Palais-Royal un bassin rempli d'une eau qui n'est pas toujours de roche, et un canon chargé d'apprendre aux voisins l'heure de midi précis. Ce canon que l'on charge tous les soirs, est censé partir tous les jours, mais attendu qu'un rayon de soleil est indispensable à cette cérémonie, il suit de là que ce canon quotidien rate vingt-cinq fois sur trente ; ce qui n'empêche pas les poètes d'opéra-comique de célébrer à tue-tête « *le beau pays de France.* »

L'ÉTUDIANT.

On compte dans la vie de tout étudiant, soit en droit, soit en médecine, deux phases bien distinctes et qui ne se ressemblent pas plus entre elles qu'une femme de lettres ne ressemble à une femme d'esprit. — Jugez quelle différence !

Ces deux phases qui peuvent se résumer dans l'arrivée de l'étudiant à Paris et dans son premier départ pour la vacance, sont séparées entre elles par un abîme moral, qu'au premier abord, on jugerait infranchissable, et qu'il lui suffit pourtant de six mois, et souvent moins, pour combler entièrement.

L'étudiant se divise donc en pigeonneau et en roué; c'est-à-dire qu'à la chrysalide succède le papillon.

On entend par pigeonneau, le mot l'indique clairement, tout individu qui, par la facilité de son caractère, n'offre pas plus de résistance au filou qui le gruge, que le pigeon n'a coutume d'en offrir au cordon-bleu qui le plume et qui lui tord le cou.

Il est donc permis d'appeler pigeonneau l'étudiant qui débarque à Paris avec ses illusions, cent-cinquante francs, un cœur vierge et une paire de bottes qui ne le sont plus, pour tout bagage. A peine descendu de diligence, son premier soin est de chercher une chambre, et, pour ce faire, il n'a rien de plus pressé que d'arpenter la rue Saint-Jacques. Après l'avoir fouillée en tous sens, après avoir monté et descendu plusieurs milliers de marches et fait de cinq à six lieues dans divers escaliers, il finit par louer un cabinet, dénué de cheminée, au sixième au-dessus de quelques

étages, à l'hôtel de l'Yonne, de la Champagne, de l'Angoumois, ou de toute autre province qui lui rappelle la sienne.

Dès qu'il est installé, le pigeonneau, qui n'est pas mal fort en littérature, à preuve qu'il a constamment remporté le prix de thème au collège; le pigeonneau donc prend sa canne et son chapeau et s'en va patauger dans les rues de Paris, en attendant que sonne l'heure des spectacles.

L'heure sonne, et le pigeonneau qui a l'esprit (le mot propre m'échappe,) encore tout imprégné des discussions par lui soutenues en rhétorique, en faveur du romantisme, s'élance vers la Porte-Saint-Martin, dépose sa canne au bureau et pénètre dans le sanctuaire, avec le fallacieux espoir d'assister à quelque bon drame moderne. Mais il arrive, ce jour-là, qu'au lieu de Mlle Georges,

c'est M. Van-Amburgh qui occupe la scène, et que la prose de M. Victor Hugo est remplacée par le rugissement des lions de M. Titus.

Si le pigeonneau aime le spectacle, il adore les femmes. Malheureusement, il est auprès d'elles d'une timidité hyperbolique. Il donnerait dix années de sa vie pour avoir une maîtresse et pour noyer ses mains crispées dans les ondes de ses cheveux (style du temps); mais en même temps que la vue de la beauté lui enflamme le cœur, elle lui glace la langue; ce que voyant, il prend le parti de déclarer son amour par épîtres. C'est lui qui ruine en ports de lettres la plupart des actrices de Paris : il écrit à Mlle Elssler, il écrit à Mlle Plessy, il poursuit Mlle Anaïs de sa prose; il en assomme Mlle Balthazar, et je ne jurerais point qu'il épargnât Mlle Flore. Quant à Mlle Déjazet, c'est la plus maltraitée; un douzième de ses appointemens est absorbé par les quinze centimes de la petite poste. Le pigeonneau lui écrit sur tous les tons, et il n'est pas de formules auxquelles il n'ait recours prose poétique, vers prosaïques, rien n'est négligé, tout y passe. Il l'accable de quatrains, de dystiques, de sonnets et surtout de rendez-vous; tantôt c'est devant l'Observatoire qu'il l'attendra, tantôt c'est au théâtre de *Bobino*; souvent c'est dans le jardin du Luxembourg, tout près de la troisième guérite, à main gauche, quand on entre par la rue d'Enfer.

Inutile de dire quelle est la réponse de l'actrice. Mlle Déjazet ne répond rien : telle est sa réponse. Alors notre pigeonneau, que de pareils succès n'encouragent que tout juste, finit, en désespoir de cause, par se rabattre sur sa blanchisseuse, laquelle consent à partager sa flamme à la condition expresse qu'il lui paiera dix-huit sous, au lieu de trente centimes, le blanchissage de ses chemises.

Dès lors, le pigeonneau grandit de plusieurs pouces dans sa propre estime. Il a une maîtresse! il l'appelle son Andalouse, sa marchésa, sa lionne! Il se gaudit, il s'enfle et prévient tous ses amis qu'il porte *les fers* de la beauté (odieux calembourg!). Sa joie ne diminue que trois semaines après, lorsqu'il s'aperçoit d'une soustraction de divers mouchoirs et de six paires de chaussettes, que la plus belle moitié de lui-même a jugé convenable d'opérer à son bénéfice.

Le pigeonneau est de toutes les parties; c'est lui qui paie les verres cassés, qui attrape les horions, qui perd à l'écarté et que les sergens de ville réprimandent à coups de poing, chaque fois qu'un danseur échauffé risque une cachucha trop accentuée.

Mais, ainsi que nous vous l'avons dit en commençant, le pigeonneau ne tarde pas à subir sa transformation. Son surnumérariat achevé, il passe d'emblée à l'état de roué. Alors feu le pigeonneau fait couper la redingote paternelle, trop longue de dix-huit pouces; il commande des bottes pointues et à talons, achète des pantalons à côtes, laisse ondoyer sa chevelure, ne se coiffe plus qu'en casquette et devient, avec de l'expérience et des conseils, l'un des plus aimables habitués de la Chaumière et de l'Élysée-d'Amour.

O singulier retour des choses d'ici-bas! l'agneau s'est fait tigre, le moineau franc se transforme en farouche émouchet; le paisible ruisseau devient torrent fougueux et dévastateur! Voyez-le se promener sous les galeries de l'Odéon, quelle prestance! quel aplomb! ne dirait-on pas un roi dans ses états, ou tout au moins un haut-baron parmi ses vassaux? Suivons-le au Luxembourg et observons de quels coups d'œil assassins il bombarde les jolies promeneuses de la terrasse; entrons avec lui à l'estaminet des Sept-Billards, et dites si nulle part, fût-ce même en Allemagne, à l'université d'Heidelberg, on fume mieux et on boit davantage. Pénétrons sur ses pas jusque sous les voûtes mystérieuses du Panthéon, son théâtre royal, et remarquez combien il désespère les actrices par ses critiques proférées à haute voix! — NOTA BENÈ. Si je ne vous dis pas de le suivre à ses cours de droit ou de médecine, c'est pour une raison suffisamment péremptoire et que je crois inutile de développer d'avantage.

Jadis le pigeonneau en était réduit à sa blanchisseuse, le roué n'a maintenant que l'embarras du choix. Depuis le Pont-Neuf jusqu'à la barrière Saint-Jacques, il n'est pas de cotillon qui ne fût enchanté de donner son cœur à notre étudiant, lequel finit par jeter le mouchoir à quelque leste et fringante modiste de la rue de

l'Ancienne-Comédie ou de la rue Dauphine, ces rues Vivienne et Richelieu du quartier des écoles.

C'est alors que véritablement il coule des jours filés de soie et d'or, et que sa mansarde triangulaire lui paraît le plus agréable boudoir des douze arrondissemens. Déjeûners champêtres à la

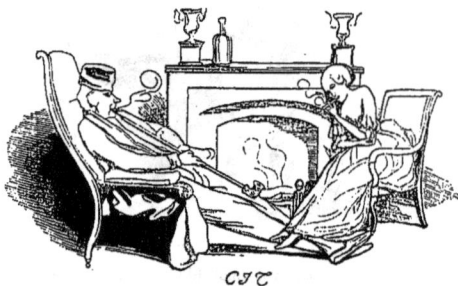

Chaumière-Polonaise, excursions sentimentales dans le bois de Montmorency, loges grillées au Panthéon, dîners chez Dagneaux: rien ne l'effraie; l'étudiant initie sa bien-aimée à toutes les joies de l'existence, si bien qu'un horrible jour, il se réveille le cœur parfaitement plein et la bourse complètement vide. — O M. Azaïs!

Après trois ou quatre ans d'une existence ainsi remplie, l'étudiant, qui a passé tous ses examens avec le moins brillant succès, repart pour sa province, emportant au fond de son ame un désespoir fort grand, et dans le fond de sa malle un catalogue de dettes qui n'est pas moindre. La famille bougonne un peu, paie beaucoup et applique au jeune homme, en manière de cataplasme, un bon mariage avec une cousine bossue, mais riche.

Heureusement, dans l'intérêt de la perpétuité de l'espèce, les diligences Laffitte et Caillard versent annuellement dans la circulation parisienne des myriades de pigeonneaux pour remplacer les pigeonneaux qui se transforment; c'est donc de l'étudiant, mieux encore que des rois, que l'on peut dire:

« L'étudiant est mort! vive l'étudiant! »

LE MARCHÉ DES INNOCENS.

— Dites donc, 'mame Madou, savez-vous quoi qu'on dit par la halle aux poissons?

— Pas plus que dans mon œil..... Et quoi qu'on dit donc, 'mame Langlumé?

— On dit que le pain va-t-encore enchérir de six blancs les quatre livres.

— On dit ça!

— Et bien d'autres choses encore, allez!...

— On dit autre chose?

— Ah! ça, d'oùs que vous sortez donc, à ce matin, que vous êtes ignorante ni plus ni moins qu'un caniche de six semaines?

— D'où je sors?... Ah! ne m'en parlez pas... je sors de chez nous, oùsque mon homme est rentré plus ivré que le vin!

— C'te farce! je ne présuppose point que vous sortiez d'ailleurs; ce que j'en dis, c'est par *métrophore*... une manière de parler, quoi! — Ah! ça... où en étions-nous?

— Nous en étions, 'mame Langlumé, que vous me disiez comme ça qu'on disait bien d'autres choses encore, allez!

— M'y voilà, 'mame Madou, m'y voilà. Pour lors, figurez-vous donc....

— Eh! bien, quoi?

— Attendez donc... qu'est-ce que je vois là-bas, n'est-ce pas la grosse Charlotte?

— La grosse Charlotte, la cuisinière à ces bourgeois de la rue Montorgueil? *Précisiment*, c'est elle... Je croyais qu'elle se fournissait à vous. Est-ce que vous avez eu des choses ensemble, qu'elle achète à la mère Tobichon?

— Si c'est pas une indignité!.. C'te mère Tobichon, faut qu'elle vienne voler la pratique aux autres... Je parie qu'elle lui passe ses poireaux à n'importe quoi de moins.

— A votre place, je me plaindrais à l'inspecteur.

— Laissez-moi donc tranquille avec vos inspecteurs... Encore du beau monde,.... oui!... c'est du propre.

— Qu'est-ce qu'ils vous ont donc fait, les jésuites?

— Vous n'y étiez donc pas, il y a huit jours, quand ce gueux d'inspecteur m'a renversé un panier de champignons, comme

étant *insalubles?*

— Qu'est-ce que vous lui avez jeté à ce Polignac? vous ne lui avez rien jeté à la tête?

— Ah! ben, vous n'êtes pas mal encore de votre village, vous! leur jeter quelque chose à eux... De l'argent, je ne dis pas;..... mais autre chose, pas si bête:... j'aurais été *destutude*, et voillllà.

— Alors, pourquoi que nous avons fait la révolution des trois jours? à quoi que ça nous a avancés?

— Ça, c'est *précisiment* ce dont je vous interrogeais relativement à quoi, pour savoir si vous en aviez entendu parler.

— On parle donc décidément de *quette* chose?

— 'Mame Madou, il me semble que je n'ai pour habitude de parler de travers; si je vous ai dit qu'on parle à la halle, c'est qu'on parle dans la halle. C'est-y du bon français, ça?

— Et du *mélieur*, 'mame Langlumé... Mais moi aussi je voudrais bien savoir quoi qu'on dit dans la halle.

— Je ne vous l'ai pas dit, 'mame Madou?

— Pas encore, 'mame Langlumé.

— Vous êtes bien sûre?...

— Comme il n'y a qu'un Dieu!

— Comment! vous ne vous rappelez pas?

— Comment voulez-vous que je me rappelle, puisque je vous dis...

— Ça suffit ; *j'obtenpère* à vos désirs... Pour lors, figurez-vous donc... (*changeant de ton*) Ah ! voici mam'zelle Manette... Toujours fraîche et rose, mam'zelle Manette... C'est pas comme c'te grosse Charlotte ;... en voilà une qui se décolle, par exemple. Et comment ça vous va-t-il, à ce matin, mam'zelle Manette ?

— Vous êtes bien bonne, mame Langlumé, ça ne va pas trop mal, Dieu merci ! il n'y a que mes cors qui m'incommodassent.

— Mauvais signe, mam'zelle Manette, signe de pluie ; faudrait consulter un sirurgien. Ah ! les petits maux, je connais ça,... faut les soigner ;... sans ça, bien le bon soir, les petits maux deviennent plus gros, et les plus gros deviennent très gros. — Et quoi que je vous servirai à ce matin ? Vos bourgeois ont-ils été

contens de ma poularde d'hier ?

— Monsieur l'a trouvée un peu dure ; mais faut pas s'en inquiéter, parce que, comme dit madame, monsieur n'est jamais content de rien.

— J'ai là un bien beau melon, que j'ai déjà refusé de vendre... Je vous le destine... Vous m'en direz quatre mots demain à la même heure.

— Un melon ! ne m'en parlez pas, mame Langlumé..... J'adore les melons, moi ! je ferais même des bassesses pour un cantalou, et dire que depuis un an j'en ai pas seulement mangé le quart d'un !

— C'te pauvre mam'zelle Manette ! les melons y sont donc frappés de *prostiction* chez vous ?

— Madame prétend que les crudités, ça pousse au choléra...

— En voilà un de préjugé, mam'zelle Manette ; *une* légume aussi innocente que moi et vous... Pousser au choléra, le melon ! faut croire que vos bourgeois y sont encore de fameux concombres.

— Pis que ça, mame Langlumé ; le concombre au moins y sert à quelque chose, tandis qu'eux autres je veux-t-être couronnée Rosière si je sais à quoi qu'ils peuvent être bons sur la terre.

(*Mam'zelle Manette fait ses emplettes, salue et se retire.*)

— Je l'aime tout plein, c'te petite Manette, moi ! elle est avenante, et puis elle ne marchande pas.

— Mame Langlumé !

— Quoi que c'est, mame Madou ?

— Pendant que vous causiez avec mam'zelle Manette, j'ai-t-aperçu comme qui dirait quette chose de pas régalant, là-bas dans les piliers.

— Et quoi c'était-y, un chrétien ou une bête ?

— Ni l'un ni l'autre.

— Quoi donc alors ?

— Le mien.

— Qui ça, le vôtre ?

— Jérôme Madou...

— Votre légitime ?

— J'en ai peur.

— Ah ! bah ! vous avez la *berlue*. Quoi voulez-vous qu'il vienne faire ici, c't homme ? c'est-y pas l'heure de son chantier ?

— Oui, mais j'ai idée qu'il s'en est privé aujourd'hui.

— Rapport à quoi ?

— Rapport à sa pochardise d'hier soir.

— Voyons ! ne tremblez donc pas comme ça. Eh ! bien, si c'est lui, ce sera lui. On lui parlera à c't homme. Il nous mangera pas, allez !

— Alors, racontez-moi votre histoire, vous savez ?

— Je ne vous l'ai pas encore dite ?

— Pas encore.

— C'est farce... Je croyais... m'y voici. Pour lors, figurez-vous donc...

(*Survient Jérôme Madou ; il s'approche de son épouse, et dit :*)

— J'en veux.

— De quoi ?

— De l'argent.

— Pour quoi faire ?

— J'ai des amis qui m'attendent chez Paul Niquet... Allons, et plus vite que ça...

(*Mame Madou, intimidée, s'apprête à lui obéir ; Mame Langlumé intervenant :*)

— Ne lui en donnez pas !

JÉRÔME. — Qu'est-ce que ça vous regarde ?

— Elle est mon amie !

— Elle est ma femme !

— Sac à vin !

— Vieille toupie !

— Pif ! (*Un soufflet.*)

— Paf ! (*Un coup de poing.*)

(*Mêlée générale ; la marchandise est renversée, mame Madou se trouve mal, la garde arrive, les combattans sont conduits au poste.*)

TABLEAU.

LES COURSES DU CHAMP-DE-MARS.

Le Champs-de-Mars (ainsi nommé parce que M. de Talleyrand y dit une fois la messe, au mois d'avril) est l'un des endroits les moins avenans et les plus disgracieux de la capitale. Outre qu'on y tue un peu et qu'on y vole beaucoup, tous les soirs, passé neuf

heures, on y peut voir chaque jour des nuées de tourlourous s'y livrer, durant une foule d'heures consécutives, aux charmes de l'exercice à feu et de la charge en douze temps. Or, abstrac-

tion faite des filous et des jeunes soldats sus-mentionnés, il ne reste absolument au Champ-de-Mars, à titre d'ornement ordinaire ou extraordinaire, que cinq ou six caniches sans domicile politique, énormément de crotte en hiver et de la poussière à flots pendant la saison des roses.

Ceci explique suffisamment, je pense, les sympathies de la haute fashion parisienne qui a choisi ledit Champ-de-Mars comme théâtre de ses joies les plus intimes et de ses ébats les plus chers. Donc, quatre fois par an, tous les trois mois, absolument comme les époques de votre terme, tout ce que Paris possède en fait de femmes luxuriantes et de jeunes hommes plantureux s'y donne ren-

dez-vous, dans le but chevaleresque de décider, en dernier ressort, qui, d'*Elssler* ou de *Taglioni*, mérite définitivement la palme. *Nota.* Elssler et Taglioni sont deux pouliches de quatre ans de la plus haute espérance.

Sans doute, il n'est pas un de nos lecteurs qui n'ait, une fois en sa vie, assisté à une course du Champ-de-Mars. Mais comme il peut s'en trouver dans le nombre qui ignorent ces sortes de solennités, autant que certains professeurs du collége de France ignorent l'idiome chinois qu'ils enseignent depuis tantôt vingt ans, nous allons donner une idée de ce plaisir, l'un des plus estimés qui soient au Jockei's Club.

La passion des chevaux nous vient en ligne directe de l'Angleterre. C'est encore un cadeau de cette perfide Albion, qui garde pour elle toutes ses inventions utiles et n'exporte que ses manies bizarres, pour ne pas dire plus.

En France, il y a quelques années, on estimait le cheval à sa juste valeur; on ne lui refusait ni qualités morales, ni graces physiques; M. de Buffon poussait même la galanterie jusqu'à le baptiser le roi des animaux. Il me semble que c'était déjà bien suffisant comme cela. De nos jours, les choses ont singulièrement progressé: le cheval a pris enfin le rang social qu'il mérite à tant d'égards; le cheval est devenu une intelligence supérieure, une sorte de divinité. On lui a construit des palais de marbre, pavés en bitume; on lui fera incessamment des litières en feuilles de roses, et nul doute qu'il ne finisse par monter son propre cavalier.

Cette maladie (car c'en est une) nous a valu en outre plusieurs désagrémens à la suite, au nombre desquels figure en première ligne l'introduction dans notre langue d'une foule de locutions anglaises, peu faites pour séduire les cœurs français, et encore moins les oreilles.

On cite, depuis une dizaine d'années, douze ou quinze jeunes gens que la manie des chevaux a ruinés et au-delà. Et pourtant, triste retour des choses d'ici bas, tel cheval qui figurait jadis avec éclat dans les solennités du Champ-de-Mars, use à présent sa vie à remorquer des omnibus ou à traîner des coucous, en attendant qu'une main inhumaine le pousse vers Monfaucon, sans respect pour ses triomphes passés, sans pitié pour sa gloire éteinte.

Mais revenons au sujet qui nous occupe.

Figurez-vous de dix à vingt mille personnes, parquées sur les bas côtés du **Champ-de-Mars**, dont le milieu est réservé aux coureurs et interdit à la foule. Le soleil darde en plein sur l'assistance qui, n'ayant pour se préserver de la chaleur que l'ombrage fantastique d'une douzaine d'arbres plantés à cinq cents pas de distance l'un de l'autre, tourne légèrement à la tomate crue et au homard cuit. A droite et à gauche, se pavanent dans de somptueux équipages, issus de la rue Joquelet, toutes les panthères du quartier Saint-Georges ; aux portières, caracolent les habitués du boulevart de Gand, la cravache au poing et le cigarre à la bouche. Enfin, de nombreux industriels se glissent parmi les groupes et se promènent tranquillement, les mains dans les poches.... de leurs voisins. — Voilà pour la physionomie de l'assemblée.

La course étant promise pour midi et un quart précis, deux heures menacent de sonner bientôt à l'horloge de l'École-Militaire et rien n'annonce qu'on aille commencer encore. Fort heureusement un bienfaisant nuage de poussière s'élève à l'horizon ; il approche, il grandit, il augmente, et soudain il est salué des houras unanimes de tous ceux qu'il n'a ni étranglés ni aveuglés. Ses flancs vomissent les rivaux et les juges du camp ; chacun prend sa place :

les juges dans la tribune qui leur est destinée et les concurrens à l'entrée du *turf*. Les paris sont ouverts.

Trois jumens sont engagées, *Elssler*, *Taglioni* et *Déjazet*. Taglioni a le jarret plus ferme, Elssler est plus fine et plus déliée ; mais rien n'est comparable au poitrail de Déjazet. Les chances sont donc belles de chaque côté, aussi les paris atteignent-ils, en peu d'ins-

tans, des chiffres fabuleux. Sur le poitrail seul de Déjazet pèse une responsabilité de quelques mille louis. Ainsi des autres.

Le signal est donné. Il s'agit de faire trois fois le tour de l'hyppodrôme avec la rapidité la plus télégraphique possible. Au premier tour, Elssler est distancée ; au second tour, Taglioni fait un faux pas et se blesse grièvement à la cuisse. Déjazet reste maîtresse du champ de bataille et achève son troisième tour en trois minutes, vingt-cinq secondes, dix-neuf tierces, onze quartes, etc., etc.

Alors les bravos éclatent ; des trépignemens d'enthousiasme se font entendre : on crie *vive Déjazet !* on lui jette des fleurs. On n'en faisait pas plus pour un triomphateur romain... O peuple, né malin, va !...

Le public, tout entier aux chances diverses de la course, n'a pas observé combien le temps s'est couvert depuis quelques instans. Tout-à-coup, des gouttes de pluie commencent à tomber, et bientôt après la foule est assaillie par une de ces averses comme le beau ciel parisien semble en avoir le monopole. On se presse, on se pousse, on se coudoie, ce qui n'empêche pas les rhumes, les catarrhes et les fluxions de poitrine de faire de nombreuses victimes. Pour ma part, la dernière course de chevaux m'a rapporté une fièvre de cheval : merci.

Voilà ce que c'est qu'une solennité du Champs-de-Mars. A la première course annoncée, je prendrai la mienne (ma course), et je m'enfuirai à la barrière du Trône. C'est ce que je vous engage à faire, à moins, pourtant, que vous ne soyez membre du Jockei's Club, maquignon ou escamoteur peu autorisé par la police.

Effets du Poitrail long

PARIS

UNE SOIRÉE LITTÉRAIRE.

M. Renneval, ancien négociant retiré des affaires, jouit tranquillement d'une honnête fortune, fruit de vingt années d'un travail assidu et sans relâche. M. Renneval occupe, avec sa femme, sa fille et deux domestiques, le second étage d'une maison d'assez belle apparence, rue Jacob, à Paris, et certes, de tous les rentiers propriétaires du dixième arrondissement, il n'en est point de plus estimé ni de plus estimable.

Mlle Pamyra Renneval, sa fille, est une jeune personne qui va entrer dans son vingt-troisième printemps, comme eût dit un poète de l'empire. Elle n'est ni jolie, ni laide, ni grande, ni petite,

ni grasse, ni maigre; elle a un pied, une main, une bouche et une taille sur le compte de quoi il est impossible de se prononcer. Sans injustice, on ne saurait dire que c'est mal; sans flagornerie, on ne pourrait dire que c'est bien. Chez elle, les qualités morales s'emboîtent parfaitement avec les qualités physiques : elle n'est pas sotte, mais elle n'est pas spirituelle. C'est un lac dont les eaux dormantes ne sont jamais ridées par le plus petit zéphyr; c'est la nullité en corset et en jupons.

Il ne faut donc pas s'étonner si, avec cette perspicacité naturelle aux parens, M. et Mme Renneval considèrent leur Pamyra comme la huitième merveille de l'univers. Au physique, c'est un ange; au moral, c'est cent fois mieux encore : esprit, imagination, dispositions pour la musique et pour la peinture; ils la trouvent douée de toutes les qualités possibles. — Et cependant, en dépit de tous ces avantages, corroborés en outre par la perspective alléchante d'une dot confortable, Pamyra reste demoiselle, et M. Renneval, qui serait si heureux d'avoir des petits-fils à faire danser sur ses genoux, à la façon d'Henri IV, n'aperçoit pas se dessiner, à l'horizon conjugal, la moindre apparence de gendre.

— Ah! ça, ma bonne amie, dit un jour M. Renneval à son

épouse, quand penses-tu établir Pamyra?

— Établir Pamyra! s'écrie Mme Renneval d'une voix dolente; me séparer de mon enfant! de ma fille...! où avez-vous donc l'esprit, ce matin? c'est à peine si elle est nubile!

— Nubile... à vingt-trois ans! excusez!

— Votre réflexion est indécente, monsieur Renneval; d'ailleurs, si Pamyra n'est pas mariée, à qui la faute?

— A moi, peut-être?

— A vous, sans doute, à vous.

— Philippine!...

— Il n'y a pas de Philippine qui tienne; j'ai dit et je répète que vous êtes le seul et unique coupable. Si vous pensez que ce soit en vivant comme des loups, que nous trouverons un établissement pour notre fille, vous êtes dans une erreur qui m'afflige.

M. Renneval reste abasourdi pendant quelques instans, puis il reprend :

— Il faudrait peut-être jeter notre avoir par les fenêtres?

— Qui vous parle de cela; mais il faudrait du moins ne plus vivre comme Robinson dans son île. Où voulez-vous que Pamyra trouve un mari, cloîtrée comme elle l'est, grâce à votre suprême volonté?

Soit que M. Renneval n'aimât pas les discussions, soit qu'il lemeurât convaincu de la vérité des paroles de sa femme, toujours est-il qu'il fut décidé, entre les deux époux, qu'on donnerait désormais, une fois par semaine, des petites soirées musicales, où Pamyra pourrait développer ses nombreux talens de société.

Ce qui fut dit fut fait, et les lignes suivantes sont tout simplement le fidèle procès-verbal d'une de ces solennités, à laquelle nous eûmes l'honneur d'assister. Vous pouvez nous croire comme vous croyez le *Moniteur*; c'est de la sténographie, et rien de plus.

M. Renneval ayant ouï dire qu'un peu de littérature, en manière d'intermèdes, embellit tout de suite une soirée, s'était tenu ce langage qui ne manque pas de logique : « Si un peu de littérature fait plaisir aux invités, beaucoup de littérature doit nécessairement les plonger dans l'ivresse. — Je leur donnerai beaucoup de littérature. »

Neuf heures sonnaient à l'horloge de l'Institut, lorsque je mis le pied dans l'antichambre de M. Renneval. Depuis quelques instans déjà j'avais donné mon paletot à Pierre, le domestique; j'avais eu le temps de friser ma moustache, d'épousseter mes bottes vernies et de rafraîchir les ondes bouclées de ma chevelure, et Pierre ne faisait nullement mine de vouloir m'introduire au salon.

— Eh! bien, lui demandai-je avec une mauvaise humeur mal

déguisée, qu'attendez-vous pour m'annoncer?

— Mon Dieu! monsieur, me répondit le domestique, visiblement embarrassé, si c'était un effet de votre bonté de vouloir bien patienter un moment.

— Et pourquoi cela, s'il vous plaît? Savez-vous que, d'un mot dit à votre maître, je puis vous faire chasser à l'instant même.

— Dam! monsieur, ça sera comme vous voudrez; mais que vous me fassiez chasser, ou que M. Renneval me chasse de son chef, je n'y vois pas de différence; or, si je vous introduisais en ce moment, mon affaire serait sûre.

Désespérant de rien comprendre aux raisons de ce maraud, je prêtai attentivement l'oreille; mais je n'entendis rien; le seul bruit perceptible était une sorte de bourdonnement confus; on eût dit une grosse mouche voltigeant aux carreaux d'une fenêtre.

— Ah! ça, que se passe-t-il donc d'extraordinaire ce soir? m'écriai-je, dans un paroxisme de curiosité impatiente.

— Est-ce que je sais, moi, fit Pierre en gromelant; c'est une espèce de monsieur en habit noir qui récite un tas de bêtises, que ça ferait hausser les épaules à qui n'en aurait pas envie.

— Et M. Renneval a défendu?....

— De ne laisser entrer qui que ce soit, fût-ce-t'y lui-même, pendant que l'habit noir récite. Il dit comme ça qu'il ne veut pas qu'on le trouble.

En ce moment, notre colloque fut interrompu par une triple salve de bravos. Pierre murmura un *enfin* vigoureusement accentué, ouvrit avec empressement la porte du salon, et m'annonça d'une voix de stentor. J'entrai.

Je passai complètement inaperçu; toute la société n'avait d'yeux et d'oreilles que pour l'habit noir. On l'accablait de félicitations, on l'étouffait de complimens, on l'enterrait sous des montagnes de louanges.

Je parvins cependant jusqu'à M. Renneval. Aux politesses d'usage que je lui adressai, il ne me répondit que ces mots :

— Silence! mon cher, silence; M. de Saint-Evremond va commencer une nouvelle lecture.

Je l'ai dit, il était alors neuf heures et quelques minutes.

De neuf à dix heures, M. de Saint-Evremond déclama les trois premiers chants d'une poésie épique sur *le mal de mer*.

De dix à onze, il récita les deux derniers actes d'une tragédie inédite, intitulée *les Inconséquences de Frédégonde*.

De onze heures à minuit, il lut une dissertation sur *les Ancêtres de Tityre et de Mélibée.*

De minuit à une heure, M. de Saint-Evremond initia l'assistance à divers madrigaux de sa façon, tels que : *A Lise, en lui envoyant un épagneul; A Galathée, en lui faisant cadeau d'un nid de jeunes tourterelles*, etc., etc.

A minuit et demi, il n'était personne qui ne ronflât comme je ne sais combien de contrebasses.

Pierre fut obligé de venir réveiller tout le salon qui ressemblait, à s'y méprendre, au palais de *la belle au bois dormant*. M. de Saint-Evremond avait disparu modestement; mais il avait eu soin d'oublier, par mégarde, plusieurs cartes de visite, où chacun fut libre de lire : Saint-Evremond, poète, membre associé de diverses académies et sociétés savantes autorisées par M. le préfet de police, ex-lauréat des jeux floraux, — va en ville.

Pamyra est toujours à marier; M. Renneval s'en désole; mais son épouse le rassure en lui affirmant que c'est à peine si cette chère enfant est nubile.

LE JARDIN DU LUXEMBOURG.

— Dis donc, Achille, que deviens-tu ce soir ?

— Que Duranton m'étouffe, si j'en sais le premier mot. Et toi, Eugène, quel est ton plan ?

— Moi, j'ai envie d'aller aux *Sept Billards* ; on y joue une poule d'honneur. Il y aura trois surprises.

— Ah ! bah ! laisse-moi donc tranquille avec tes surprises, toujours la même chose pour changer. Première surprise : un couvert en métal d'Alger ; deuxième surprise : un foulard de Lyon de cinquante-cinq sous ; troisième et dernière surprise : une vieille queue d'honneur, bonne à faire des copeaux, excellente pour un manche à balai.

— Alors si nous allions au Panthéon ?

— Bien obligé. Par une température de vingt degrés !

— Raison de plus ; nous sommes sûrs d'y trouver l'ombre et la fraîcheur d'une cave.

— C'est possible ; mais nous pourrions bien y trouver autre chose de moins agréable.

— Que veux-tu dire ?

— Ne sais-tu donc pas que voici tantôt quinze jours que j'ai rompu avec Amanda ?

— Sans doute. Après ?

— Amanda, inconsolable comme elles le sont toutes, m'a prévenu qu'elle comptait se suicider d'une manière quelconque.

— Eh ! bien ?

— Eh! bien, en attendant qu'elle vienne à cette cruelle extrémité, Amanda se montre tous les soirs au Panthéon, soit qu'elle espère m'y rencontrer..... ou y rencontrer tout autre.

— Je conçois ton refus, et je l'approuve ; mais comme il faut absolument que nous trouvions un emploi à notre soirée, j'en viens à mon premier dire : que veux-tu faire pour tuer le temps ?

— Si nous allions au Luxembourg ?

— Va pour le Luxembourg !

Le dialogue ci-dessus mentionné avait lieu à un cinquième étage de la rue Monsieur-le-Prince, habité en commun par les deux étudiants en droit que nous avons désignés par leurs prénoms d'Eugène et d'Achille. En moins de temps qu'il n'en faut pour l'écrire, ils eurent pris leurs casquettes, bourré leurs pipes et descendu leurs cent vingt-cinq marches au dessus du niveau de la Seine.

Bras dessus, bras dessous, ils s'acheminèrent vers le Luxembourg.

Le jardin du Luxembourg est une des plus agréables promenades de Paris. Il a des allées touffues et mystérieuses, un bassin, des cygnes, une superbe collection de roses et, le soir, de charmantes promeneuses qui viennent montrer coquettement sur la terrasse leurs petits pieds et leurs jambes fines.

Malgré tous ces avantages, en dépit de l'air frais et embaumé qui s'y respire, le Luxembourg ne saurait entrer en comparaison aucune avec les Tuileries. Les Tuileries possèdent une attraction magnétique dont les belles dames du faubourg Saint-Germain ne peuvent s'empêcher de ressentir l'influence. En vain le Luxembourg est à leur porte, avec ses parfums de lilas cent fois préférables aux émanations de l'oranger, rien n'y fait et le pauvre voisin est délaissé. On a bien raison de dire que nul n'est prophète dans son..... arrondissement.

Mais si les belles dames y sont rares, en renvanche les bonnes d'enfants et les grisettes s'y montrent dans une proportion incalculable ;

et, — cela va sans dire, — grisettes et bonnes d'enfants y sont accompagnées de leur infaillible escorte d'étudians et de soldats français de tout grade, depuis le simple tourlourou jusqu'au caporal, exclusivement.

Le jardin du Luxembourg est un véritable kaléidoscope. Il a sa physionomie du matin, sa physionomie de l'après-midi et sa physionomie du soir. C'est un rapport avec plusieurs des vénérables pairs qui siégent non loin de là.

De sept heures du matin jusqu'à dix, le jardin du Luxembourg appartient tout entier à quelques bandes éparses d'étudians vertueux qui s'enviennent étudier, à l'ombre des maronniers en fleurs, le cours de M. Orfila et les institutes de M. Ducaurroy ; c'est dire assez qu'à cette heure, le Luxembourg est passablement désert. Parfois il arrive que des compagnies inexpérimentées viennent s'y perfectionner dans l'art de l'exercice et y approfondir les mystères de la charge en douze temps. Alors le jardin du Luxembourg revêt un aspect quasi guerrier ; la trompette résonne, les tambours battent aux champs et la voix des capitaines se mêle aux pas cadencés des soldats.

Mais ce n'est qu'une physionomie de passage. Le tourlourou n'est bien placé dans le jardin du Luxembourg qu'à la condition de vaguer en liberté, loin de la tyrannie du sergent-major, et sans autres armes que son amabilité naturelle et la grace persuasive de ses discours.

Donc, au coup de deux heures, et pour peu que le soleil fasse à Paris l'aumône d'un de ses rayons, une caravane de bonnes d'enfans s'achemine vers le Luxembourg. Il en débouche par la rue de

Vaugirard, par la rue de Madame, par la porte de l'Observatoire et par celle de la rue d'Enfer ; tel un torrent long-temps comprimé dont subitement on lâche les écluses. A l'instant même, une nuée de jeunes défenseurs de la patrie sort de dessous terre, comme une lé-

C J T

gion de diables d'opéra. Il n'est pas d'arbre, de socle de statue ou de massif de verdure qui ne renferme dans ses flancs quelque superbe grenadier ou quelque séduisant voltigeur. Alors

les couples se forment ; et tandis que les enfans jouent sur la pelouse, les *pays* se retrouvent, et bien des mains sont doucement pressées, bien des baisers sont dérobés et quelquefois rendus. Mais tirons un voile sur ces innocentes amours que l'horloge de la Chambre des Pairs dénoue brusquement, en rappelant aux uns les exigences de la caserne et aux autres les devoirs de l'antichambre.

Reste à vous esquisser la troisième physionomie du Luxembourg ; c'est celle qui commence à six heures et demie du soir et ne finit qu'à la fermeture des portes du jardin. Si vous voulez, nous allons suivre Eugène et Achille, les deux étudians dont il a été question au commencement de ce chapitre ; leur conversation vous mettra sans doute au fait beaucoup mieux que je ne l'aurais pu faire moi-même.

— Tiens ! tiens ! dit Eugène à son ami ; qu'est-ce donc que ce tartan qui se promène là-bas, pensif et solitaire ?

— Ça ? répondit Achille, en suivant la direction indiquée par le doigt d'Eugène, c'est Virginie !

— C'est juste ; je ne l'aurais pas reconnue. Diable comme elle est *raffalée*....

— Ah ! dam ! son Jules est déjà parti pour les vacances... ça se voit au talon de ses souliers.

— Ma foi ! si j'étais un peu moins *cabochard* je me poserais en consolateur...

— Merci, le rôle serait trop long à remplir. Il faudrait consoler trop de choses chez elle, à commencer par sa garde-robe.

— Raison de plus ; elle serait pleine de reconnaissances...

— Du Mont-de-Piété, c'est possible.

En ce moment nos deux étudians s'arrêtèrent tout court et se tinrent immobiles et silencieux derrière un tronc d'arbre séculaire : une femme venait de passer rapide auprès d'eux. Après avoir regardé si elle n'était épiée de personne, elle avait tracé à la hâte quelques mots au crayon sur le socle d'une Diane chasseresse. Une minute après, elle s'était déjà évanouie.

Eugène et Achille s'étant élancés, déchiffrèrent, à grand'peine, cette phrase moins écrite qu'indiquée : « Demain, trois heures, place Saint-Thomas-d'Aquin. »

— Eh ! eh ! dit Achille, voici une petite poste qui n'enrichira pas le gouvernement.

— Mais ce qui l'enrichirait à coup sûr, ce serait de punir l'infidélité par une amende, s'écria tout-à-coup une voix féminine montée au plus haut diapason.

Les deux amis se retournèrent :

— Amanda ! firent-ils, en reculant de surprise.

La scène fut vive dès l'abord, mais la chair est faible et la femme miséricordieuse ; si bien qu'après un tour de promenade, Eugène ayant dit à la grisette : — « Ah ! ça... belle Calypso vous ne vous êtes donc pas suicidée ? » Achille répliqua avec une vivacité fort significative :

— J'en suis, ma foi, très aise. — Et toi, Amanda ?

— Ai-je jamais eu d'autres opinions politiques que les vôtres ? répondit la grisette en essayant de rougir.

PARIS

Bourdet

UNE LOGE DE PORTIER.

Lithe. de J. Laberte, Garneray et Cie

Edité par le Charivari.   16, Rue du Croissant.

LA LOGE DU PORTIER.

Il n'est pas de pouvoir occulte ou de puissance ténébreuse qui soit plus à redouter que la loge du portier. Les ventes de carbonari, l'inquisition, le conseil des Dix n'ont jamais eu de lames mieux effilées, de poignards plus tranchans, de supplices plus atroces, de tortures plus horribles que n'en possède la loge du portier.

O vous qui me lisez, vous qui, je le suppose, aimez une vie douce et paisible, saluez, en passant, la loge du portier !

O vous que la peur du scandale irrite, vous que la crainte du cancan fait pâlir d'effroi, inclinez-vous devant la loge du portier !

Mais aussi, malheur, trois et quatre fois malheur à vous, imprudent sacrilége, qui, au mépris des lois divines et humaines, passez en ricanant devant la loge du portier. C'est fait de vous; à dater de ce jour, votre nom est inscrit sur son livre rouge. Le repos fuit, la paix s'envole, tout votre bonheur s'évanouit pour ne plus revenir.

Et dès lors, c'est une succession d'ennuis quotidiens, un tourbillon de peines intimes, un déluge de chagrins domestiques à briser les murs contre sa tête, à se ronger les poings jusqu'au coude. Désormais vous n'y serez plus pour vos amis; vous y serez toujours pour vos créanciers. Votre maîtresse viendra cinquante fois avant de vous rencontrer une seule; mais votre bottier parviendra chaque jour le plus librement possible jusqu'à vous.

Êtes-vous abonné à un journal quotidien? vous le recevrez deux fois par semaine. Vos lettres vous arriveront tachées, froissées, maculées, et parfois décachetées ; et quand sonnera l'heure du terme, quand janvier, avril, juillet et octobre auront fait entendre l'odieux signal, votre ennemi se présentera, la quittance de loyer à la main, et ne vous laissera ni calme ni répit jusqu'à ce que vous soyez exécuté.

On a flétri Denys de Syracuse de l'épithète de tyran; on a voué une haine éternelle au nom de Tibère; Louis XI et Charles IX sont on ne peut pas plus mal notés dans l'opinion publique; eh ! bien, pour quiconque a été vingt-quatre heures en butte à la haine d'un portier, il reste démontré que Tibère était un agneau et Denys un mouton. Quant aux deux autres, s'ils n'ont pas été canonisés, si leurs noms ne brillent pas au premier rang parmi les bienheureux du calendrier, c'est qu'assurément ils ont eu des *ennemis politiques*, les pires ennemis qu'on puisse imaginer, s'il faut en croire un célèbre industriel de l'époque.

Physiquement parlant, la loge du portier est un bouge, un chenil, quelque chose de puant et d'infect, sans air, sans espace, où voltigent incessamment des miasmes délétères et morbides. Là, dans un centre de trois pieds carrés, naissent, grouillent, vivent et meurent le portier, son épouse, un nombre illimité d'héritiers plus ou moins légitimes, un chien, un chat, un perroquet, des serins, toute une ménagerie, en un mot, y compris le concierge.

Si la famille du portier est nombreuse, en revanche elle est douée d'une ambition démesurée. Il n'est pas un membre de sa progéniture, fille ou garçon, le sexe ne fait rien à l'affaire, qui ne rêve, dans un avenir très prochain, cinquante mille francs de rente et beaucoup de gloire en sus. Ils suivent tous les cours du Conservatoire, et c'est sur les arts qu'ils comptent pour réaliser leurs espérances. L'un des garçons étudie l'orgue de Barbarie avec une

constance digne d'un meilleur sort; l'autre s'acharne, six heures par jour, contre un *piano*, dont, malheureusement pour les voisins, il s'obstine à jouer *forte*.

Le portier a deux filles: l'aînée, mademoiselle Rodogune, suit la classe de M. Saint-Aulaire; elle dit, à qui veut et même à qui ne veut pas l'entendre, que le jour où elle débutera à la Comédie-

Française, *la petite* Rachel sera complètement aplatie. En attendant qu'elle soit admise à figurer rue Richelieu, Rodogune continue à déclamer, une fois la semaine, sur les planches du théâtre Molière, où elle ne manque jamais d'exciter l'enthousiasme universel de M. son père.

La cadette, mademoiselle Adolphine (en langage familier *Fifine*), tourne ses idées du côté de la danse. Les succès de mademoiselle Elssler l'empêchent de fermer l'œil et les dix-neuf-cent-cinquante trois tabatières dédiées à mademoiselle Taglioni par l'empereur de toutes les Russies constituent un mode de récompense qu'elle prise infiniment. D'ailleurs, M. Barrez, son professeur, ce vénérable *diable boiteux* que vous savez, n'est pas sans fonder sur ses pirouettes certaines espérances. Fifine exécute déjà l'entrechat avec un remarquable succès, et la voilà qui commence à lever la jambe gauche à la hauteur de l'œil. — Nul doute qu'elle ne finisse par s'élever... dans son art.

Pas n'est besoin de dire que les deux sœurs comptent également être épousées, à la longue, par quelque prince russe ou quelque mylord anglais, les gens du monde qui épousent le plus et qui paient le mieux.

Loin de nous le projet de blâmer ces nobles ambitions, auxquelles nous applaudirions fort, si elles avaient surtout les résultats qu'on en espère. Mais comme il arrive souvent que, vingt-neuf fois sur trente, ces artistes improvisés ne récoltent, en fait de couronnes, que des pommes cuites, nous demandons la permission de présenter une simple observation à nos lecteurs. — Voici :

« En supposant , ce qui est probable, que les portiers existans continuent à élever leurs enfans dans l'amour exclusif des beaux-arts et dans la haine invétérée du cordon héréditaire, où recrutera-t-on, d'ici à un siècle, des concierges pour les maisons de Paris ? »

Ce problème nous paraît légèrement insoluble, à moins, toutefois, que ce ne soient les propriétaires eux-mêmes qui deviennent leurs propres portiers.

Et, pourtant, connaissez-vous rien de plus agréable et de plus lucratif en même temps, que la profession de portier ? Tout savoir, tout connaître, n'ignorer aucun détail; tenir en mains les secrets, le repos et jusqu'au bonheur de vingt personnes; lire dans la vie de dix familles aussi couramment que dans un livre ouvert; recevoir de toutes parts, prendre de toutes mains, et de vous, et de moi, et de lui, et de tout le monde; ici une bûche, là un gros sou, plus loin une pièce ronde ; être craint à l'égal d'un dieu ou d'un commissaire de police : tel est, en résumé, la série des agrémens qui viennent environner son existence.

O M. Scribe, de l'Académie Française, vous qui, dans l'opéra de *la Dame Blanche*, avez écrit, avec cette élégance qui vous caractérise, ces vers si pleins de charme et de poésie :

> Ah ! quel plaisi... ir !
> Ah ! quel plaisi... ir !
> Ah ! quel plaisir d'être soldat !
> Ah ! quel plaisir d'être soldat !

ne pourriez-vous pas faire du portier le héros d'un nouvel opéra-comique où vous lui feriez chanter, avec non moins de justesse :

> Ah ! quel métier... er !
> Ah ! quel métier... er !
> Ah ! quel métier que celui de portier !
> Ah ! qu'il est doux d'être portier !

Voyons, mon bon M. Scribe,.. ça vous coûterait si peu de choses et ça vous en rapporterait tant ! Et puis, c'est en agissant ainsi que vous seriez véritablement digne *des loges*.

PARIS

L'ESTAMINET.

L'estaminet! c'est là un établissement dont il faut nous hâter de parler dans ce recueil, car ces lignes qui, aujourd'hui, ne sont que de simples notes explicatives, pourraient bien, avant peu, revêtir la triste solennité d'une notice nécrologique, ou tout au moins la physionomie lugubre d'une épitaphe.

Hélas! il nous faut en convenir, au risque de plagier M. de Bossuet, un homme distingué, comme dit Arnal; l'estaminet se

meurt! l'estaminet est mort! l'estaminet a été traîtreusement occis par le café! le boudoir a détrôné la taverne. Du moment où les vieux plafonds enfumés ont disparu sous des flots de dorure; du jour où les banquettes in-rembourrées ont fait place aux élégans fauteuils et aux divans confortables; de ce jour, l'estaminet a rendu l'avant-dernier soupir. Autrefois on allait à l'estaminet pour y boire, pour y fumer, pour y cracher et pour s'y mettre à l'aise de toutes les façons. A présent je sais des bourgeois qui ne vont jamais au café dans la crainte d'en ternir le parquet ou d'en tacher les dorures. L'aspect du café Cardinal, du café Pétron, du café Frascati, et de quelques autres, produit exactement sur eux l'effet de la chambre de Louis XIV, à Versailles. En présence d'un tel luxe, ils demeurent abasourdis et n'ont de force que pour s'éloigner au plus vite de ces boudoirs dont la contemplation les éblouit beaucoup plus qu'elle ne les charme.

L'estaminet, si tant est qu'il existe encore, ne se rencontre plus que par delà les ponts, dans ce bienheureux quartier Latin, où il est impossible que vous n'ayez pas étudié quelque chose, soit le Code, la médecine ou le cœur des grisettes de la rue Saint-Jacques. Là seulement vous pourrez le retrouver dans toute sa plénitude, avec tous ses attributs et ses parties intégrantes. On rencontre bien au Palais-Royal et dans ses alentours certains établissemens qui ne rougissent pas de faire peindre sur leur porte le mot *Estaminet,* mais ne vous y laissez pas prendre. Ce nom ne leur appartient pas; cette qualité, ils l'ont usurpée. Ils ne sont point plus estaminets que les Turcs du mardi-gras ne sont fils de la sublime Porte. Ce sont des cafés travestis, et rien de plus.

Le propre de l'estaminet est d'être fort sale. Plus les murailles en sont tachées d'huile et de mille autres choses, plus le plafond, incessamment bruni par les émanations du gaz, paraît enduit d'une couche de cirage et plus l'habitué s'attache à ses parois dans lesquelles il semble finir par s'incruster tout vivant.

En général, un estaminet est une chambre de largeur fort ordinaire où sont empilés une douzaine de tables en marbre, un billard et un comptoir. Quand vient le soir et que les habitués affluent, on est autorisé à conclure, en dépit de la géométrie et de ses axiomes, que parfois le contenant est moindre que le contenu. Dès lors commence, pour ne s'éteindre qu'à minuit, un de ces tapages assourdissans, comme il ne s'en fait qu'au Palais-Bourbon: le roulement des billes se marie au bruit sec des dominos; les interpellations des joueurs se croisent et se succèdent. — Je carambole. — Bloquée, la rouge. — Le roi, atout, atout, et passe carreau. — Quinte,

quatorze et le point. — Échec à la reine. — Domino.

A l'estaminet, ni gêne ni contrainte; de l'étiquette, pas davantage. On entre, on sort; on va, on vient tout à son aise. L'un quitte sa cravatte; cet autre quitte son habit, un troisième se débarrasse de son gilet et de ses bretelles. — Rassurez-vous, mesdames, il est rare que le déshabillé soit poussé plus loin.

Qui dit estaminet dit pipe et surtout pipe *culottée.* Chaque habitué a la sienne, c'est de rigueur. En outre, une collection de magnifiques *brûle-gueules,* soigneusement étiquetés, brille de tout son éclat, sous un grillage en fer. Mais c'est là une distinction à laquelle tout le monde n'est pas admis. Si les appelés sont nombreux, en revanche les élus ne le sont guère. Pour avoir le droit de prendre place dans ce musée, il faut justifier d'une foule de hauts faits dont le programme épouvanterait Hercule lui-même, tels que deux livres de tabac, fumées sans désemparer, ou huit litres de bière absorbés, séance tenante !

L'habitué d'estaminet est l'une des plus curieuses figures qu'il soit donné d'étudier. Au premier abord, on ne saurait dire s'il existe d'une vie réelle ou bien factice; si c'est un homme, ou si c'est un automate. Dans tous les cas, ce qu'on peut affirmer c'est qu'il y a fort peu de montres de Genève mieux réglées que lui. Sans doute vous avez vu, par les rues, de pauvres écureuils, emprisonnés dans des cages, et dont les jours se passent à faire tourner une meule de leurs pattes impatientes? Eh! bien, ces écureuils résument, comme le pourrait faire un daguerréotype, l'existence de l'habitué.

« La patrie est où l'on aime » a dit je ne sais plus quel héros de Vaudeville. Pour l'habitué, la patrie est où l'on fume; et comme l'on fume énormément à l'estaminet, il suit de là que l'estaminet --- sa véritable patrie, et de fait; il y déjeûne, il y dîne, il y soupe,

il y boit, il y joue, il y fume, il y digère..... En vérité j'ignore ce qu'il n'y fait pas.

Les querelles d'estaminet sont fréquentes; il règne dans ces salles des odeurs combinées de tabac, de bière, de bichoff et d'eau-de-vie qui, dès l'abord, vous prennent à la gorge et ne tardent pas à vous monter à la tête. Un geste mal interprété, une parole à double sens, un coup équivoque deviennent pour tous ces esprits échauffés autant de prétextes à gros mots, et par suite, à coups de poings.

Fort heureusement pour l'ordre public, il y a dans tout estaminet un habitué modèle, dont l'assiduité se perd dans la nuit des temps, et à qui sa présence continuelle et son expérience en toute sorte de jeux et de boissons ont constitué une royauté absolue, royauté sans ministres responsables et sans charte restrictive. C'est à son tribunal suprême que se vident tous les procès, toutes les querelles, sans parler de tout ce qui s'y vide en outre. Il examine, contrôle, et suivant que la querelle lui paraît ou grave, ou futile, il assigne les parties devant un punch conciliateur ou envoie louer des pistolets chez Lepage. Napoléon lui-même, au plus fort de sa puissance, ne fut jamais obéi avec une plus entière soumission. Voyez-le, penché *crânement* sur sa queue de billard, et dites si l'on n'est pas tenté de s'écrier avec le poète :

Annuit et totum nutu tremefecit... Estaminet.

L'une des principales causes de vogue ou d'abandon pour un estaminet, c'est sans contredit la dame de comptoir. Mais aussi que de finesse, de ruse et de diplomatie cette femme doit posséder jusque dans le plus insignifiant de ses gestes, dans le moindre de ses sourires. Le métier d'ambassadeur n'exige pas la millième partie de ce qu'elle dépense en un seul jour. Elle sait que d'un mot, elle peut donner lieu à dix guerres de Troie. Elle n'ignore pas qu'Édouard est jaloux d'Anatole, qui est jaloux d'Auguste, qui est jaloux d'Eugène, qui est jaloux d'Alphonse. Et pourtant, grace à elle, la paix n'est jamais rompue. Elle parvient à contenter tout le monde. — Savez-vous un éloge plus complet et, en même temps, plus rare?

Certes si l'estaminet bat encore d'une aile, c'est à la dame de comptoir qu'en revient tout l'honneur. Les habitués le savent bien. Aussi n'en est-il pas un qui n'ait pris pour devise :

MA PIPE ET MA DAME (*de comptoir*).

PARIS

LE PONT DES ARTS.

Ce qui fait de Paris la plus admirable ville des deux mondes; ce qui contribue principalement à la rendre un objet de vénération pour les Parisiens et un sujet de convoitise pour les étrangers, c'est qu'en cette seule ville se trouvent agglomérées et confondues cent villes différentes et qu'à bien parler, il suffit de connaître le chef-lieu du département de la Seine, pour pouvoir se faire une idée exacte de vingt autres cités en renom.

Aimez-vous l'Allemagne et ses teintes assombries? Allez, durant une heure, errer aux alentours de Notre-Dame, dans cet antique quartier que la grande cathédrale enveloppe d'un nuage de poésie et de mystère.

Est-ce l'Italie qui a vos préférences? La rue de Rivoli est là, avec ses portiques, ses arcades, sa triple rangée de balcons et rien ne s'oppose à ce que vous vous croyiez transporté à Naples ou à Florence.

La place Royale ne répand-elle pas comme un parfum espagnol? La place d'Europe (située justement au bout de la rue de Londres) où viennent s'embrancher nos deux chemins de fer et où le cok plane sans cesse en nuées compactes, ne semble-t-elle pas un véritable square de la grande London? — Le boulevard du Temple, avec son jardin turc et le boulevard Italien, avec ses bains chinois, n'ont-ils pas toute l'apparence, l'un d'un boulevard du Caire et l'autre du boulevard de Pékin? et enfin savez-vous, fût-ce à Venise même, quelque chose de plus vénitien que ne le sont les quais de Paris?

Il y a six années encore, le roman et le drame, le théâtre de M. Harel et la boutique de M. Eugène Renduel ne juraient que par Venise. A cette époque déjà oubliée fort heureusement pour tous, le lion de Saint-Marc, le Lido, le canal Orfano, le conseil des Dix et le pont des Soupirs s'étaient constitués nos tourmenteurs quotidiens, nos bourreaux de toutes les heures. Grace à cet état de choses qu'une police bien apprise eut dû réprimer, Venise ne tarda pas à acquérir une réputation colossale en France et à Paris, surtout. Alléché par les tableaux échevelés des mélodramaturges et des romanciers contemporains, le public n'aspirait plus qu'au bonheur de contempler Venise *la belle*, Venise *la folle*, Venise *la*, etc. (ne pas voir les œuvres du temps). Un nombre incalculable de pérégrinations furent résolues, et la France entière

entreprit un pèlerinage à Venise; on eût dit des caravanes de

Turcs partant pour la Mecque. Dieu sait le nombre total des déceptions de ces braves gens !

Il n'y a pas long-temps qu'un de mes amis, arrivé récemment d'Italie, me définissait Venise de la sorte : « Une grande ville ornée d'une multitude de ponts. » Sans rien répondre, je le pris sous le bras et je lui dis de me suivre. Nous traversâmes le boulevard, puis le Palais-Royal, la cour du Louvre et, arrivés au pont des Arts, je le priai de regarder à droite et à gauche. Vingt ponts se déroulaient à nos yeux : ici le pont Neuf, avec son architecture lourde et massive; là, le pont du Carrousel, avec sa structure aérienne; plus loin, le pont Royal, le pont de la Concorde ; d'un autre côté, le pont au Change, le pont d'Arcole; au loin, s'effaçant dans la brume les ponts Louis-Philippe, d'Iéna, d'Austerlitz, de la Tournelle, des Invalides, et enfin, sous nos pieds, le pont des Arts, le premier pont suspendu qu'on ait construit à Paris.

Mon ami comprit l'apologue et, comme le corbeau de la fable,

Jura, mais un peu tard, qu'on ne le prendrait plus

à faire des voyages à Venise.

Le pont des Arts serait l'un des plus fréquentés de la capitale, si le passage en était gratuit : malheureusement il n'en est rien encore. La loi, représentée par deux invalides de fort mauvaise humeur, exige de chaque passant l'invariable somme de cinq centimes ; vous vous appelleriez Rotschild ou Aguado, vous auriez pignon sur rue, équipage à la Daumont, loge aux Bouffes et à l'Opéra, que vous n'en seriez pas moins repoussé si vous n'aviez pas un sou en poche. Le pont des Arts est l'endroit de Paris où l'on fait le moins crédit. Aussi Satan sait la quantité de haines corses que les fonctionnaires manchots du pont des Arts assument chaque jour sur leurs têtes grisonnantes. On raconte que M. Romieu, qui depuis..... mais alors il n'était pas homme politique, en a fait, pour sa part, périr un de désespoir et de rage. Dieu veuille avoir son âme ! (L'ame de l'invalide.)

J'ignore si c'est pour justifier son titre, mais le pont des Arts est l'un de ceux que les gens de lettres et les artistes fréquentent

davantage. On sait que c'est en regardant le soleil se coucher qu'un soir, sur le pont des Arts, l'idée vint à M. Frédéric Gaillardet de produire *la Tour de Nesle*. Il ne se passe guère de jour que M. Jules Janin n'y promène sa figure souriante et son abdomen confortable. M. Gustave Planche et madame Georges Sand s'y montrent aussi fréquemment. Les rapins y pullulent, ce qui est expliqué par le voisinage du Louvre, et l'Académie y est visible à l'œil nu, deux fois par semaine, les jours de séance.

Aux deux abords du pont des Arts, se tiennent des malheureux dont l'aspect respire la plus horrible misère. On dirait des citoyens de l'ancienne cour des Miracles : ils sont couverts de plaies hideu-

ses. Les invalides auprès d'eux paraissent des Apollons du Belvédère. Vous n'êtes pas sans avoir plaint, du fond du cœur, ces misérables créatures qui, de l'homme n'ont conservé que le nom... Eh ! bien, vous avez eu grand tort de les plaindre ! Ces gens là ont des économies à la caisse d'épargne, des rentes sur l'état et, qui sait, des fermes dans la Beauce ; leur moindre journée rapporte de quinze à vingt francs et quand ils se retirent *des affaires*, leur survivance est réclamée par deux cents personnes. On en sait quelque chose à la rue de Jérusalem.

On trouve en outre aux alentours du pont des Arts, plusieurs petits savoyards, empressés à vous faire place nette avec leurs balais; mais autant ils ont mis de hâte à rendre le service, autant ils mettent d'importunité à en réclamer le salaire. Et malheur à vous si, fermant l'oreille à leurs supplications, vous hâtez le pas sans répondre. Semblables au Jupiter Tonnant des anciens, ils tiennent dans leurs mains l'instrument de la vengeance, et quelle vengeance ! (*Voir le dessin*).

Quiconque a traversé le pont des Arts, a remarqué une espèce de guérite fermée, dont la porte n'a jamais été vue ouverte, et dont nul ne peut expliquer raisonnablement la destination ni l'origine.

Or, voici ce qui m'a été raconté confidentiellement par l'un des invalides du pont des Arts, brave homme incapable d'avancer un mensonge :

C'était en 1829 ; l'Académie craquait de toutes parts sous un feu roulant d'épigrammes, de petits articles et de petits vers. A cette époque, la tête des immortels était, ou peu s'en faut, mise à prix et l'épithète d'académicien rentrait dans la catégorie des injures passibles de la police correctionnelle.

Sur ces entrefaites, mourut un immortel, et personne ne se présenta pour lui succéder ; pourtant il fallait un candidat, n'en fût-il plus au monde ! Que fit l'Académie ? Aux grands maux, les grands remèdes, comme dit la sagesse des nations. On en était à l'avant veille de l'élection ; pressée par le temps, l'Académie eut une idée, et il fut décidé que la première personne qui se présenterait pour traverser le pont des Arts, serait appréhendée au corps et enfermée, sans nourriture, dans la guérite en question jusqu'au moment où, vaincu par la souffrance, le patient consentirait à se laisser élire académicien.

Aussitôt dit, aussitôt fait. Le soir venu, après douze heures de détention, l'Académie se transporta en corps auprès de la guérite et interrogea le prisonnier, mais celui-ci déclara qu'il aimait mieux mourir de faim que de passer sous de pareilles fourches caudines.

Le lendemain, même réponse.

Le surlendemain, seulement, exténué de besoin et de fatigue, l'infortuné qui n'avait plus sa raison, promit tout ce qu'on voulut. Deux heures après on procédait à l'élection et il était nommé à l'unanimité.

Telle est la légende du pont des Arts.

PARIS

UNE DÉCLARATION.

A notre époque on sait tout faire, excepté l'amour.

Voyez plutôt : aujourd'hui il n'est pas de jeune homme un peu bien situé, qui ne monte à cheval comme un Centaure, qui ne chasse comme un Nemrod, qui ne boive comme un Bacchus, qui ne tire merveilleusement le pistolet, et qui, à la Bourse, ne se montre infiniment plus habile que Law, six fois la semaine.

Que si, maintenant, on ajoute à tant de connaissances diverses l'étude du grec, du latin, de la géographie, du dessin et des langues vivantes qu'on enseigne au collège, on ne peut disconvenir que jamais jeunesse ne fut plus instruite que la nôtre; et pourtant, à mon avis, cette science est incomplète; elle pèche par un point : on n'aime pas, on ne sait plus aimer au temps où nous vivons!

O mânes de nos aïeux! ô vous braves paladins qui partiez pour

les croisades avec un cœur vierge et reveniez de même; vous tous, modèles de constance et de fidélité, combien vous devez souffrir si, soulevant le linceul où vous dormez depuis tant de siècles,

vous envisagez parfois le spectacle de nos immoralités croissantes! Et vous, charmans commensaux du Versailles de Louis XIV et de Louis XV, mignons abbés qui papillotiez avec tant de grace au petit lever de madame de Pompadour, en quelle estime nous devez-vous tenir, nous tous, bâtards deshérités de votre esprit et de votre gaie science?

O maudite soit l'époque qui n'a plus que des pensées d'égoïsme, sans songer que l'égoïsme, comme un nuage de feu, dessèche et brûle toutes les âmes sur son passage. Car l'égoïsme est un résultat fatal de cette vie inquiète, remuante, agitée, qu'on mène à Paris. — A Paris, point de douce intimité de famille, de touchante causerie, le soir, autour du foyer domestique, mais du bruit, des soucis, du calcul. Chacun se presse et se coudoie, c'est à qui parviendra au but le premier. Mille concurrens partent ensemble; la moitié tombe et meurt de fatigue au milieu du chemin, et le reste continue avec une nouvelle ardeur, bénissant la fatigue et la mort qui font la route plus large et les rivaux moins nombreux.

C'est donc à l'égoïsme qu'il faut attribuer le discrédit où l'amour est tombé ces dernières années. Le verbe *aimer*, ce verbe qui fut décliné de tant et de si douces manières autrefois, ce verbe de Pétrarque et de Laure, d'Héloïse et d'Abeilard, n'est plus qu'un mot comme un autre, sans signification particulière, sans charme, sans poésie. Les femmes, et nous rougissons de le dire, ne sont aujourd'hui qu'un passe-temps, une distraction, absolument comme le cigare ou le cheval... Profanation!

Eugène de Villiers a été, durant six années, la fleur des pois du boulevard Italien. Il régnait en maître dans un empire borné au nord par la rue du Helder et au sud par le passage de l'Opéra. Pendant six ans, son habit, sa cravate, ses gilets, ses pantalons, ses bottes, toute sa personne, en un mot, trouvèrent des imitateurs, mais des rivaux, jamais.

Au café de Paris, son voisinage était recherché avec empressement; on sollicitait l'honneur de galoper au bois en sa compagnie; c'était à qui, aux Bouffes, prendrait place dans sa loge; bref, il ne pouvait faire un pas sur le trottoir du boulevard sans être aussitôt environné d'une demi-douzaine de satellites dont l'unique ambition consistait à graviter dans son orbite.

Nous l'avons dit, cette existence dorée sur tranche dura six ans. Ce temps écoulé, les choses commencèrent sensiblement à s'altérer. *Tant va la cruche à l'eau* a dit Basyle, un penseur judicieux; or, la cruche d'Eugène fut à l'eau, et souvent, si bien qu'un beau jour elle se trouva vide, non plus, cette fois, comme celle du maître à chanter espagnol.

Hélas! oui, soupers fins au café Anglais, paris au Champ-depas attention, ce n'est rien : c'est un équilibriste qui a mal calculé ses forces et qui laisse tomber sur vos épaules la chaise qu'il devait recevoir sur le menton.

La danse des échasses

est encore un exercice très malsain pour l'assistance qui est exposée, d'un instant à l'autre, à recevoir le danseur inexpérimenté sur le dos.

En outre, il n'est pas rare que, venu pour assister aux tours d'un escamoteur, vous vous en retourniez sans vous apercevoir que votre montre et votre tabatière ont été parfaitement escamotées.

C'est encore au boulevard du Temple que fleurit la femme forte

qui pousse la vigueur jusqu'à enlever à bras tendu un poids de 500 kilogrammes, ou un roman de M*** , l'académicien.

C'est là que s'épanouissent l'avaleur de sabres ,

qui , le soir venu , avale autre chose au cabaret du coin ; et le paillasse qui danse parmi plusieurs douzaines d'œufs sans faire une seule omelette.

Une des plus spirituelles mystifications qui se soient jamais faites au boulevard du Temple est, sans contredit, celle que nous allons vous dire :

Il y a quelques mois encore, on lisait en gros caractères, sur la porte d'une misérable barraque : *Ici, pour trois sous, l'on montre ce que Dieu lui-même ne saurait voir.*

Les curieux n'étaient admis que par couple; je me souviens d'y être entré avec mon ami Henry Monnier ; nous fûmes introduits dans une manière de chambre complètement nue.

— Messieurs, nous dit le saltimbanque, faites-moi le plaisir de vous regarder.

Nous obéîmes et notre homme continua :

— Eh ! bien, messieurs, vous voyez ce que Dieu, malgré sa puissance, ne verra jamais.

— Quoi donc? criâmes-nous ensemble :

— Vous voyez votre semblable , tandis que Dieu, étant seul et unique, ne verra jamais son semblable. . . . .

Allez la musique !

LES PIPES.

(*Le quatrième amphithéâtre de l'Ambigu-Comique. — Le rideau vient de baisser sur le premier acte de Christophe le Suédois, mélodrame nouveau de M. Joseph Bouchardy.*)

— Dis donc, Gugusse, comment que tu le trouves, toi, Bocage?

— J'aime mieux Francisque aîné dans *le Sonneur de Saint-Paul.*

— Moi, pas.

— Moi, si.

— Sais-tu qu'elle n'est pas mal chouette encore, l'ouvrage à m'sieu Bouchardy, cré nom! comme ça s'emmanche! quéque tu penses de la petite Rougemont?

— Moi, Dodore?

— Oui, toi.

(*Gugusse se penche vers Dodore et lui dit cinq ou six mots à l'oreille.*)

— Ah! voilà ce que t'en penses, toi!.. Eh! bien, excusez! tu n'est pas dégoûté, que je dis.

— C'est vrai, ça... elle vous a un petit nez retroussé à qui je dirais bien deux mots entre quatre-z-yeux.

— Tu lui dirais deux mots?

— Et quatre aussi.

— Je te connaissais pas si bavard.

UN GARÇON LIMONADIER (*dans le couloir*). Orgeat, limonade, de la bière et du cidre!

— C'est y toi qui régales, Dodore?

— En v'là une de farce... Quéqui t'a payé pour deux sous de pommes, pas plus tard qu'avant-z-hier, aux Funambules? à preuve que l'employé aux trognons, y voulait nous fiche à la porte...

— C'est toi Dodore... mais c'est qu'aujourd'hui j'ai joué au bouchon avec Gringalet, sur le canal, et j'suis pané comme une côtelette.

— En v'là une de chance!

— Et toi, t'as donc rien?

— J'ai juste de quoi passer le pont...

— Des Arts?

— Non, le Pont-Neuf, qui-là oùsqu'on ne paie rien pour passer.

— C'est donc pas à c'soir que nous faisons la noce! j'ai justement le gosier sèche comme de l'amadou.

LE GARÇON LIMONADIER (*entrant dans l'amphithéâtre*). Orgeat, limonade, de la bière et du cidre.

— C'est-y ça une scie!.. J'endure le supplice du Cancale, comme on dit à la Mutuelle.

— Minute, Dodore, j'ai une idée... flanque moi un peu la paix et nous allons rire. (*Appelant.*)

— Garçon! garçon!

LE LIMONADIER. Qu'est-ce qui appelle?

DODORE (*montant sur la banquette*). Ohé! d'la limonade! ohé!

— V'là, m'sieu, v'la!

— Avez-vous du suc d'orge?

— A la canelle ou à la fleur d'orange?

— Aux deux.

— V'la, not' bourgeois, v'la.

— (*Dodore prend un bâton, le passe et le repasse dans sa bouche et le rend au limonadier.*)

— C'est du suc d'orge ça?

— Un peu que c'en est! et du bon, encore!

— Y paraît que j'ai la main joliment malheureuse. J'suis tombé sur un qui sentait le suif... C'est-y vrai, Gugusse?

— Que c'en était une infection.

— J'lui fais pas dire, j'espère?

— Eh! bien, prenez-en un autre et que ça finisse.

(*Dodore choisit le plus gros bâton, se l'introduit dans la bouche le casse par la moitié et le rend au marchand avec force grimaces.*)

LE LIMONADIER. C'est trois sous!

— De quoi, trois sous?

— Le bâton de suc d'orge apparemment.

— De quoi que j'vas vous payer, une saloprie pareille? moi! mais je vous l'ai rendue votre marchandise!

(*Éclats de rire de la foule; Gugusse se roule sur la banquette.*)

— Voulez-vous bien me payer à la fin?

— Jamais! on ne paie que ce qu'on consomme.

— J'vas me plaindre.

— Oh! c'te tête!

— J'vas appeler le municipal...

— Bonjour monsieur, à quelle heure qu'on vous couche?

(*Le limonadier disparaît et revient avec le municipal de service.*)

LE MUNICIPAL (*avec calme*). Qu'est-ce qu'il y a?

GUGUSSE (*à qui Dodore a fait le mot*). Mon militaire, c'est mon ami qu'a la colique.

LE MUNICIPAL (*avec dignité*). De quoi la colique! ces choses là ne me regardent pas, la colique n'est point dans mes attributions.

LE LIMONADIER. — Y m'doit trois sous... faut qu'il me les paie.

DODORE. — Mon militaire, mon brave militaire, j'suis empoisonné... J'sens que j'vas-t-avoir le mal de mer. C'est le gargotier qui vend des sucs d'orge malsains, et qui veut qu'on les paie, encore.

LE LIMONADIER (*courroucé*). Eh! bien, qu'il en goûte le municipal et y verra.

DODORE. N'en goûtez pas mon officier! n'en goûtez pas! C'est pis que la mort-aux-rats! c'est pis que la mort-aux-rats. Y les a sucrés, le gueux, avec de l'arsonique.

CHOEUR DE TITIS. — A la porte! à la porte! l'empoisonneur, à la porte!

LE LIMONADIER (se retirant). — Crapaud, va!
DODORE. — Enfoncé, le muffe, ohé!

(Entre Gringalet).

GRINGALET (à qui Dodore et Gugusse ont improvisé une place entr'eux deux). Quoique vous aviez donc à maronner, que vous faisiez un vrai tapage d'enfer?

DODORE. — C'est rien, c'est une farce, histoire de rire. Ah! ça, d'oùs que tu sors donc, que t'as manqué toute la première acte, la plus belle à c'qu'on dit.

— M'en parle pas... ces choses là c'est faite pour moi. J'viens d'la rue de Tournon, porter les épreuves à M. Jules Janin... J'ai cru que ça ne finirait pas. L'ouvrage est donc commencée?

— Depuis une heure.

— Est-elle aussi crâne que le Sonneur de Saint-Paul.

— J'sais pas encore; mais ça s'annonce.

— Voyons, conte-moi ça un peu... J'te paierai quéque chose... où que ça se passe?

— Ça se passe en Suède.

— Connais pas? Et quoi qu'on fait dans ce Suède?

— On s'y embête, vu qu'ils ont le choléra et que leur Seine est prise toute l'année, un pays de loup, quoi! de la neige, de la glace et tout le tremblement.

— Patine-t-on?

— J'ai pas vu faire.

— Le décors est-y chouette?

— Y a pas d'excès. Pour lors, y a Bocage qu'a un père, Saint-Ernest.

— C'est Saint-Ernest qu'est le père?

— Puisque je te l'dis.

— Est-y bien en père?

— Il est pas mal.

— Et comment qu'il est habillé?

— Dans le genre à Chodruc du Palais-Royal. C'est pas le tout, il a aussi une sœur.

— Qu'est-ce qui fait la sœur?

— C'est la petite Rougemont.

— Quien! quien! quien! ça me va. Et alors quéqu'y fait avec son père et sa sœur, Bocage?

— Est-ce que je sais moi? Il dit comme ça qu'il a une idée; pour lors, ayant une idée, il se dit donc: « J'ai une idée. » Mais voilà qu'un galopin de traître dit comme ça: « Ah! il a une idée! et si je lui prenais son idée? » Il lui prend donc son idée qu'est dans la poche de sa rédingotte, à preuve qu'il fait, ce soir là, un temps de chien et un chien de temps. Pour lors v'la Bocage qui se réveille; y crie, y s'égosille, y fait des yeux et le diable et son train. Alors qu'y dit : « J'me revengerai! j'me revengerai!! J'me revengerai!!!

— Et s'a-t-y revengé?

— C'est ce que nous allons voir dans la deuxième acte; vu que j'entends les trois coups du machinisse.

(Le second acte commence, les Titis gardent le silence le plus absolu; il est une heure moins un quart lorsqu'on renvoie MM. les spectateurs.)

ÉCRIVAIN PUBLIC.

.9

L'ÉCRIVAIN PUBLIC.

J'ai long-temps médité sur la position sociale de l'écrivain public, et, tout bien considéré, j'aime mieux autre chose!

L'écrivain public est un des individus les plus infortunés de la civilisation moderne. Gagnant à peine (et encore ceux-là sont-ils les Crésus du métier) de quoi subvenir à sa misérable existence, il ne vit pas, il végète jusqu'au jour où la porte de sa boutique n'étant pas ouverte à l'heure accoutumée, le commissaire de police fait forcer la serrure et constate sur papier timbré que ledit écrivain est mort d'une attaque d'apoplexie foudroyante, ce qui veut dire de froid, de misère, de faim.

Certes on doit naître poète, puisque Horace l'affirme; j'accorde même qu'on naisse mari de femme de lettres, épicier, claqueur

ou garde national; mais, à coup sûr, on ne naît point écrivain public. Un pareil métier suppose une série de malheurs accablans et d'infortunes successives devant lesquels le courage et la volonté ont dû s'énerver et perdre leurs forces, et alors, ma foi! on s'est fait écrivain public, comme on se serait asphyxié ou précipité dans la Seine, avec cette seule différence qu'on s'est suicidé au

moral au lieu de se suicider au physique.

En parlant de l'Estaminet, nous avons dit qu'il fallait nous hâter, dans la crainte que notre article ne ressemblât à une épitaphe. Ces paroles sont également applicables à l'écrivain public dont le nombre décroît de jour en jour et dont l'institution devient de plus en plus inutile. Et à quoi bon en effet des gens qui

écrivent pour le premier venu, lorsque le premier venu sait écrire? Il est probable que d'ici à peu de temps, l'écrivain public aura filé comme une comète. Observons donc la génération actuelle. de peur qu'une fois éteinte, il ne se trouve personne pour la ressusciter.

L'écrivain public est, avec le portier, l'être du monde le plus affreusement logé. Il habite entre quatre planches mal jointes par où le chaud, le froid, le vent et la pluie pénètrent sans obstacle. C'est à peine s'il y a place pour une table et pour deux chaises et cependant c'est là-dedans que se passe l'existence de l'écrivain public. L'escargot est assurément beaucoup plus à l'aise dans sa coquille.

Bien que Paris ne soit pas officiellement divisé en quartiers spéciaux, à l'instar des cités chinoises, il y a pourtant certaines industries qu'on ne rencontre que dans certaines rues. Allez donc chercher des changeurs dans le faubourg Saint-Jacques ou des potiers d'étain parmi les somptueux étalages du Palais-Royal? Il y a même des rues qui semblent vouées à des spécialités, comme des petites filles à la couleur blanche, témoin la rue des Lombards avec son cortége de confiseurs et la rue Vivienne toute peuplée de modistes.

Quant à l'écrivain public, il loge de préférence dans les couloirs du Palais-de-Justice, dans les angles de la salle des Pas-

Perdus et de la Cour des Comptes, aux pieds de la Sainte-Chapelle. Il y en a bien quelques autres disséminés dans Paris, mais outre qu'ils sont en très petit nombre, ils s'enfouissent dans des recoins tellement obscurs qu'il faut, pour les découvrir, posséder des yeux de cuisinière éprise ou de fantassin amoureux.

L'écrivain public a de cinquante à soixante ans, quelquefois plus, rarement moins; il est gras et joufflu, non point par suite

d'un régime succulent, mais parce que le défaut d'exercice produit extérieurement le même effet que la bonne chère. Sa tête est dégarnie et les quelques cheveux qui lui restent ont depuis long-temps perdu leur couleur primitive. Il porte des souliers à boucles, une redingotte noire devenue blanche et une cravate blanche devenue noire. Son chapeau, qui n'est nullement Gibus, compte encore moins de poils que sa tête de cheveux.

L'écrivain public n'a qu'un défaut, celui du patriarche Noé : il professe pour le jus de la treille une admiration robuste et ne se fait pas faute, quand sa bourse est pleine, d'aller la vider au cabaret voisin en compagnie de forces bouteilles. Ce défaut pardonné, vous trouverez cet homme inoffensif comme un enfant ; il n'a pas, je parie, l'assassinat prémédité d'une mouche sur la conscience ; c'est le plus honnête citoyen de son quartier, et pourtant il se rend quotidiennement coupable de dix fois plus de méfaits qu'il n'en faudrait pour l'envoyer sur les redoutables bancs de la sixième chambre.

Il est le complice, mais le complice sans le savoir, d'une infinité d'escroqueries anodines dont vous-même, lecteur, vous êtes la victime chaque matin. N'est-ce pas lui qui, sous la dictée de votre astucieuse cuisinière, cote six francs cinquante centimes le dindonneau qui n'en a coûté que cinq ! n'est-ce pas grace à sa plume que l'anse du panier sautille si agréablement dans votre ménage ? et les lettres anonymes, donc ! les lettres anonymes, ces instrumens de la lâcheté et de l'infamie, qui les met en œuvre, sinon l'écrivain public ? Mais, je le répète, on ne saurait lui en

vouloir de tout ceci ; il écrit, comme certains acteurs déclament,

sans comprendre, et pareil à la Madeleine des livres saints, il lui sera beaucoup pardonné, parce qu'il a beaucoup... ignoré.

L'écrivain public est la providence des amans dont la flamme est complète, mais dont l'éducation première n'est pas tout-à-fait comme la flamme. C'est là la partie la plus active de son commerce ; il entreprend avec une égale facilité, et à des prix différens, la déclaration timide, la demande de rendez-vous, la lettre de reproches et toute la kirielle des épîtres intermédiaires. Il rédige aussi les quatrains du jour de l'an et les chansons pour noces et baptêmes ; bref, il a *plusieurs cordes à son arc*, comme dit la sagesse des nations, cette même sagesse qui a dit d'autre part : *il ne faut pas courir deux lièvres à la fois.*

L'écrivain public recopie en outre les drames et les feuilletons des débutans dramatiques et des jeunes hommes de lettres du quartier latin. C'est à lui que sont réservées les prémices de toutes ces œuvres essentiellement artistiques, destinées à révolutionner la poétique moderne et qui n'en viennent pas moins s'engloutir (plus à plaindre que Dufavel, puisqu'elles n'ont pas le génie à leur aide) dans les cartons d'un directeur de théâtre où dans les poches d'un rédacteur en chef.

A ce métier, l'écrivain public gagne de vingt à trente sous par jour ; ce n'est pas de quoi vivre, c'est tout juste de quoi ne pas mourir.

PARIS

Lith. de J. Caboche & Cᵉ

XVI

UN TOURLOUROU.

Vingt ans, c'est le bel âge !
a dit un niais quelconque, et le mot a pris racine, comme prendront racine tous les aphorismes débités avec aplomb, quelle que soit d'ailleurs leur absurdité intrinsèque.

Loin d'être le *bel âge,* c'est au contraire, ainsi que toutes les époques de transition, le moment le plus critique de l'existence. C'est l'âge où éclosent les pensées d'avenir et avec elles tout le cortége des préoccupations, des soucis, des alarmes. Que faire ? quel parti prendre ! quelle carrière embrasser ? déjà l'homme succède à l'enfant et se demande avec terreur quelle route il doit suivre pour arriver à ce but si envié : la fortune. Toutes les issues sont encombrées et pourtant il faut se creuser un trou, se faire une place. Le barreau regorge d'avocats inoccupés; on compte plus de médecins que de malades; la littérature, le commerce, l'industrie débordent de toute part; peu importe, il faut s'improviser une position sociale. — Quand on songe qu'aux petits des oiseaux Dieu donne la pâture, on se prend à regretter parfois de n'être pas volatile.

Mais ce n'est point à ce titre seul que « *vingt ans c'est le bel âge !* » Ajoutez l'obligation où vous êtes de plonger la main dans l'urne citoyenne et de vous en aller vous faire rompre les os pour le compte de l'honneur, de la patrie, de la frontière, le tout à raison de cinq centimes par jour. Adieu le pays; adieu les amours vous n'êtes ni borgne, ni boiteux, ni bossu; donc, l'honneur et le capitaine de recrutement vous réclament. Bon voyage; vous voilà tourlourou !

Tourlourou est un mot de fabrication récente, qui, pour n'avoir pas reçu droit de bourgeoisie dans le dictionnaire de l'Académie Française, n'en est pas moins accepté, tout comme s'il eût été baptisé par Vaugelas en personne. Tourlourou est synonyme de *Pioupiou* qui lui-même signifie fantassin, jeune soldat sans grade.

Le tourlourou fait partie des recrues de cette année, il est encore simple et naïf ; accoutumé aux choses patriarcales du village, un rien l'étonne et l'émerveille. Sa vie se passe à ouvrir la bouche et à équarquiller les yeux. Il admire à droite, il admire à gauche. Il est doué d'une bonne foi sans égale; c'est une cire molle que les loustics de la compagnie pétrissent à leur guise. Le tourlourou croit aux revenans, aux farfadets, au grand voltigeur rouge, au capitaine Sabramort et à toute la mythologie des casernes. On lui fait faire la corvée plus souvent qu'à son tour; on le pose de faction

aux heures les moins congrues; on l'envoie en patrouille par des temps diluviens ; son lit est toujours rempli de crin haché menu comme chair à pâté et tous les mois l'argent de sa paie s'écoule en bienvenues indéfinies, célébrées au cabaret du coin.

Figurez-vous un pauvre campagnard arraché tout-à-coup à son village natal et que l'on transporte à l'improviste dans une grande ville. Et que sera-ce donc, si cette ville est Paris ? Bien sûr, le tourlourou n'y résistera pas et nul doute qu'il ne crève bientôt d'admiration et de coco.

Le tourlourou qui a débuté dans la carrière par une sympathie assez peu prononcée pour les palmes militaires; ce même tourlourou qui, le soir venu, sentait au souvenir du pays, des pleurs silencieux lui mouiller le visage; lui, le jeune homme naïf et crédule, — ô singulier retour des choses d'ici-bas ! — le voici déjà qui se dégourdit et se déniaise; telle la chrysalide se transforme aux premiers rayons du printemps. Observez le tourlourou, et ses modifications ne tarderont pas à vous apparaître : déjà il porte son schako incliné sur l'oreille; sa capote n'est plus un sac informe et devient une sorte de paletot qui laisse deviner la taille; ses gants sont toujours d'une entière blancheur; ses boutons reluisent comme autant de guinées et un semblant de moustache commence à ombrager sa lèvre supérieure.

Le tourlourou est bien encore tourlourou, puisque ses manches sont dénuées du moindre galon de laine, mais tudieu, quelle différence! hier a eu lieu son premier duel et malheur au mauvais plaisant qui voudrait le faire *poser!* Le tourlourou se redresse dans sa dignité de soldat, frise sa moustache, ne paie plus à boire et songe à se créer des amours.

Et dès lors vous pouvez l'apercevoir, promenant par la ville sa flamme inoccupée. Le tourlourou est essentiellement flâneur ; il s'accoude sur le parapet des ponts et regarde pendant une heure couler la rivière ; il ne s'échange pas une taloche ou un coup de pied, qu'il ne soit au premier rang ; les vitraux d'Aubert et de Martinet le captivent des journées entières ; aux Champs-Élysées on le rencontre cloué devant Polichinelle, et les saltimbanques du boulevart du Temple sont aussi fort de ses amis.

Mais pour le tourlourou, rien n'est comparable aux jardins publics : son cœur et ses yeux s'y repaissent en partie double; com-

bien de fois ne l'avez-vous pas observé aux Tuileries fascinant de ses regards une trop confiante bonne d'enfants? Nous avons dit plus haut comment le Luxembourg fait partie intégrante de ses domaines; quant au Jardin-des-Plantes, il y règne en souverain maître. Cet établissement est tout plein de labyrinthes, véritables chausses-trappes de la vertu, où le tourlourou aime à s'égarer avec les nourrices imprudentes du douzième arrondissement.

> Qui dans le régiment
> Vit toujours galment
> Et sans avoir un sou
> S'amuse comme un fou?
> C'est le tourlourou (*ter*).

Ainsi chantait-on dans un vaudeville de bouffonne mémoire, et ce couplet, qui peut bien être faux au point de vue poétique, n'en est pas moins parfaitement vrai sous le rapport physiologique. L'existence du tourlourou s'écoule ainsi durant sept années, au bout desquelles, ne croyant plus aux bâtons de maréchaux qui se trouvent, dit-on, dans chaque giberne de soldat, il reprend le che-

min du village où, jusqu'au jour de sa mort, il raconte à la foule émotionnée les batailles qu'il n'a pas livrées et les actes de vaillance qu'il n'a jamais faits.

LE GAMIN DE PARIS.

Si le gamin de Paris a un père, c'est uniquement parce qu'on est toujours le fils de quelqu'un, comme dit Beaumarchais. Du reste, la paternité n'est pour lui qu'un vain mot : l'auteur de ses jours, travaillant soit dans un atelier, soit dans une manufacture, ses journées tout entières sont prises par des occupations absorbantes qui ne lui permettent guère, ou plutôt qui ne lui permettent pas de songer à l'éducation du *moutard*. Aussi l'enfant éclot, grandit et se développe loin de tout regard censeur; et un beau jour, coiffé de la casquette traditionnelle et vêtu du classique bourgeron, il fait son entrée sur le pavé et est reçu gamin de Paris à l'unanimité.

Et dès-lors, vive la joie! et en avant les pommes de terre frites et la galette du Gymnase! Le gamin de Paris se répand dans les rues comme une nuée de voyageuses hirondelles. A lui le haut bout du trottoir, à lui la première place! Il est plus roi que le roi de France lui-même et malheur à qui voudrait lui contester sa royauté : un croc en jambes et un renfoncement ne se feraient pas long-temps attendre.

Le gamin de Paris a une mère dont l'existence se passe à raccommoder son pantalon et à dissimuler les accrocs de sa blouse; il professe à son endroit des sentimens de piété filiale qu'on ne sau-

rait trop encourager. Mon Dieu! oui, pourvu qu'elle ne le gronde ni ne le sermonne; pourvu qu'elle ne lui fasse aucune morale et qu'elle ne le contrarie en quoi que ce soit, à ce prix, le gamin se montre le modèle des fils et rien n'est comparable à son obéissance. D'ailleurs s'il n'aperçoit pas du tout son père, ses relations avec sa mère ne sont pas infiniment plus intimes. Sitôt levé, il décampe, pour ne plus rentrer que le soir, — quand il rentre.

Le gamin de Paris est vif, alerte, spirituel; il a dans les veines du sang de Figaro, de ce bon sang chaud et actif qui constamment bouillonne. Il aime le bruit, le mouvement, le tapage, et cela par tempéramment, par nature. Il est de toutes les révolutions et de toutes les émeutes; il adore la barricade et casse les lanternes avec frénésie. Son aïeul a pris la Bastille; son père, l'un des premiers, est entré au Louvre, et lui, a dépavé la rue du Temple au

mois de mai dernier. Et ne croyez pas qu'en agissant ainsi il obéisse à la moindre conviction politique: Ce qu'il en fait, c'est par instinct, par besoin de courir et de crier, et puis, ces jours où l'émeute gronde dans la rue, il est bien rare que les ateliers soient ouverts et que *la mutuelle* ne soit pas fermée; — et c'est toujours ça de pris!

Le gamin de Paris sait sa littérature autant qu'homme du monde. Il apprend à lire sur les affiches de spectacles et nourrit pour le théâtre une passion désordonnée. La Porte-Saint-Martin, l'Ambigu-Comique et la Gaîté n'ont pas de spectateur plus assidu; il honore le Cirque de visites nombreuses, ne néglige point les Folies-Dramatiques et applaudit à tout rompre aux mômeries de Deburau, son paillasse ordinaire. Il aime tant le spectacle qu'il le poursuit partout : au tribunal, à la morgue et jusque sous les degrés sanglans de l'échafaud. Il connaît de vue tous les grands criminels de l'époque, il a regardé mourir Lacenaire et guillotiner Jadin; — les jours d'exécution il ne manque jamais d'aller faire queue à la barrière Saint-Jacques. Lorsqu'après plusieurs heures d'attente, il est parvenu à quelque bonne place, vous lui promettriez cent francs que, loin de bouger, il repousserait vos offres

34

avec tout autant de dignité qu'Hippocrate put en mettre en refusant les pots-de-vin d'Artaxercès.

Le gamin de Paris, comme son frère le lazzarone napolitain,
vit de liberté, d'air et de soleil. La galette, les marrons et la friture lui tiennent lieu de macaroni. Il béquette plutôt qu'il ne
mange et je suis sûr qu'il ne lui arrive pas, une fois sur sept, de
s'asseoir et de prendre chrétiennement ses repas à table; au lieu de
cela, il fait une partie de barres, joue au bouchon, nage ou pa-
tine suivant la température : car tout lui est bon, le chaud et le
froid, l'été comme l'hiver.

De ce que je viens de vous dire, n'allez pas conclure que le
gamin de Paris est sans occupation officielle, sans position sociale,
en un mot : votre erreur serait grossière. Le gamin de Paris est
tout ce qu'on veut qu'il soit, ou mieux tout ce qu'il veut être. La
seule chose qu'il demande avant d'entrer en fonctions et qui influe
sur sa décision souveraine, c'est de savoir si l'on aura des courses
à lui faire faire ; car, pour lui, le mouvement c'est la vie, et il lui
serait aussi difficile de passer une journée sans flâner qu'à la mouche de ne pas voler. Aussi, de toutes les carrières à lui ouvertes,
celle de petit clerc dans une étude, vulgairement dit *saute-ruis-
seaux*, est-elle la plus vivement désirée. A défaut de cette place,
il se présente comme apprenti dans une imprimerie quelconque ;
s'il est agréé, c'est lui qui porte les épreuves des auteurs et il est
bien rare qu'il s'y rende en droite ligne.

Le gamin de Paris est semblable à ces vieilles médailles si fortement frappées que ni le temps, ni la rouille n'en ont altéré l'effigie. Peu importe le coin du globe où le hasard et les événemens
de toute sorte l'ont transporté, vous le reconnaîtrez facilement.
Que si, durant les interminables longueurs d'une navigation, vous
remarquez un matelot beau parleur, l'oracle de ses compagnons
et toujours prêt à raconter des histoires, informez-vous de son
nom et nul doute qu'on ne vous réponde: « *c'est le Parisien*. » Le
Parisien se retrouve encore au régiment où il captive ses camarades
par le charme fantastique de ses récits. — Or, le Parisien n'est
autre que le gamin de Paris, pourvu d'une paire de moustaches.

Le gamin de Paris connaît sa ville cent fois mieux que tous les
préfets de police imaginables. Il est monté sur les tours Notre-
Dame, sur la colonne Vendôme, sur la tour Saint-Jacques, sur
l'Arc de Triomphe et c'est lui qui a planté le drapeau tricolore
sur la porte Saint-Denis. Il sait par cœur le ténébreux mystère des
Catacombes et s'y promènerait les yeux bandés ; il est l'effroi de
l'épicier, la terreur des marchandes de pommes et le cauchemar

des chiens errans ; bref, c'est une petite puissance dont il ne fait
pas bon d'encourir la disgrace, car l'association des Treize n'était
pas plus dangereuse qu'une association de gamins de Paris.

PARIS

UNE CROISÉE DU F^g St JACQUES.

Lith Caboche Garneray et Cie

Edité par le Charivari

16, rue du Croissant.

XVIII

UNE FENÊTRE DU FAUBOURG SAINT-JACQUES.

Je sais des mots dans notre langue française qui en disent plus que tous les commentaires du monde ; des mots lestes, pimpans, joyeux, qui sautillent à l'œil comme des êtres animés, et parmi ces mots je n'en sais point de plus joyeux, de plus pimpant, ni de plus leste que ce mot d'une prononciation si douce et d'une orthographe si facile : *grisette*.

La grisette est une fleur indigène qui ne pousse qu'à Paris ; ailleurs, dans le reste de la France, vous trouverez bien l'artisanne, mais un abîme sépare ces deux natures qui pourtant semblent se confondre au premier abord. L'une est raide, gourmée, empesée comme une pièce de calicot vierge ; l'autre, la grisette, rit, chante, folâtre et babille comme un oiseau sur la branche. Donc, Périgueux a ses truffes ; Cognac ses eaux-de-vie ; Ruffec ses pâtés ; Bordeaux ses vins ; le Maine ses poulardes ; mais Paris a la grisette, charmante fille, au frais sourire, aux yeux noirs, à la taille cambrée, au pied mignon, fine et déliée, dans toute sa personne, autant que le plus fin et le plus délié dessin de Gavarni.

Il n'y a pas de femme au monde qui marche mieux que la grisette. Voyez-la glisser sur le pavé boueux des rues, sans que la plus mince éclaboussure vienne salir son bas blanc et bien tiré ; où donc va-t-elle ainsi ? il est de bien bonne heure encore ; c'est à peine si le grand Paris commence à secouer son sommeil ; n'importe, il fait jour depuis long-temps pour la grisette. Déjà sa toilette est achevée, ses cheveux reluisent plus que l'aile d'un corbeau sous son petit bonnet de gaze et la voilà qui s'achemine vers son magasin.

Quelques instans encore (le temps de traverser le Palais-Royal ou la place de la Bourse), et elle va se mettre à l'ouvrage. Pauvre fille dont la robe est tout simplement de toile imprimée et de qui les doigts alertes vont tailler jusqu'au soir le tulle, la soie et le velours. C'est là un supplice près duquel le supplice de Tantale s'efface complétement. Consacrer sa vie et son intelligence à embellir les autres, quand soi-même on est belle ; travailler aux parures des grandes dames quand il suffirait d'un mot, d'un signe, pour en porter de tout aussi éclatantes, voilà le type du courage civil, courage qui mériterait des médailles d'or et l'insertion au *Moniteur*. Mais non, la grisette est philosophe et ne se laisse pas enivrer par les bouffées dangereuses de la vanité. Elle préfère sa pauvreté à tout l'or des deux mondes, pourvu que l'amour de son Jules ou de son Édouard lui reste ; car la grisette a un cœur qui ne sait point calculer, un cœur qui aime suivant les règles de la passion et non de l'arithmétique.

Il est peu d'existences mieux occupées que celle de la grisette. L'employé, le clerc d'avoué, tous les gens de bureaux ont leur soirée libre ; viennent à sonner quatre heures, et de toute part les plumes s'arrêtent, les pupitres se ferment, les chapeaux se brossent et les parapluies sont extraits de l'étui protecteur : il s'en faut de beaucoup que la grisette soit à ce point favorisée. Sa journée de travail commence à neuf heures du matin et ne finit qu'à dix heures du soir ; et pendant ces treize mortelles heures, c'est tout au plus si on lui accorde quelques minutes pour ses repas et si elle s'interrompt de temps à autre pour soulever un coin du rideau qui dérobe à son regard attristé le tableau bruyant de la rue. — Et pour tout cela, savez-vous comment on rétribue la grisette ? Vraiment c'est honteux à dire, mais ce qu'on lui donne est absorbé par le mouron de ses serins et par l'entretien du petit jardin qu'elle cultive sur sa fenêtre du faubourg Saint-Jacques !

Cependant la grisette est heureuse ! il lui suffit d'un seul jour pour oublier son travail et ses ennuis de la semaine, jour bienheureux, dont la venue est saluée de mille joyeux éclats de rire et de mille projets dorés ; jour radieux, jour béni et qui a nom *Dimanche*.

Donc, le dimanche, et pour peu qu'un rayon de soleil scintille à travers les nuages, la grisette prend sa robe la plus fraîche, son chapeau le plus coquet, ses bottines les mieux faites et la voilà qui se met à sa fenêtre, attendant avec impatience que dix heures sonnent à Saint-Jacques-du-Haut-Pas. A l'heure convenue, trois coups sont frappés à la porte et Jules s'élance le sourire sur les lèvres et l'espérance dans les yeux.

Jules est étudiant en droit ou en médecine ; Jules n'a point de magasin, mais il a une école, des professeurs rébarbatifs et des examens à subir. Lui aussi, Jules, travaille la semaine et les deux amans n'ont que le dimanche pour s'entretenir de leur flamme. Mais comme ils la mettent à profit cette journée si vivement désirée de part et d'autre! Et d'abord, fuyons Paris; passons bien

vite les barrières : c'est parbleu bien assez d'y rester prisonnier durant six jours. Où irons-nous? voilà Montmorency avec ses ânes gris et ses cerises rouges; les prés Saint-Gervais et leurs lilas en fleurs; Saint-Germain et son chemin de fer; Versailles et son musée; et en avant! et fouette cocher! et mène nous bon train, mon garçon, car chaque minute qui s'écoule est un vol fait à notre bonheur.

Je ne pense pas qu'il y ait jamais eu de rois, y compris les rois des contes Arabes, qui aient été aussi heureux que l'étudiant et la grisette tant que dure le dimanche. Promenades à pied et à cheval, jeux de bagues, montagnes russes et dîner fin en cabinet particulier, rien n'y manque : la fête est complète. Puis, le soir, c'est le bal champêtre qui les enivre de ses ritournelles amoureuses; on

galope, on s'enlace et tout cela jusqu'au départ pour Paris du dernier omnibus.

Mais le bonheur n'a qu'un temps ici-bas. Un beau jour, — un horrible jour, devrais-je dire! — Jules est reçu avocat ou médecin; il part pour sa province et laisse la grisette en proie à une vraie douleur de mélodrame. La pauvre fille gémit, s'arrache les cheveux, se meurtrit la poitrine et rêve suicide jusqu'au dimanche où elle fait une autre connaissance; alors commence une série de joies nouvelles, et c'est ainsi qu'elle descend doucement le fleuve de la vie et qu'elle atteint cet âge critique où toute femme, en présence de ses premiers cheveux gris, murmure, non sans étouffer un soupir :

Combien je regrette
Mon bras si dodu,
Ma jambe bien faite
Et le temps perdu!

PARIS

UNE LEÇON DE DANSE.

N.º 32

UNE LEÇON DE DANSE.

La prochaine fois que vous traverserez la cité Bergère, arrêtez-vous devant la maison portant le n. 14, maison illustrée par Marion, l'inventeur du papier glacé ; levez la tête, et pourvu que vous ne soyez ni Lepeintre jeune, ni Bélisaire, c'est-à-dire ni myope, ni aveugle, vous apercevrez facilement une enseigne accrochée aux persiennes du deuxième étage. L'enseigne est ainsi rédigée :

TERPSICHORE DUJARRET,

PROFESSEUR DE GRACES ET DE MAINTIEN NOBLE,

LEÇONS EN VILLE. COURS CHEZ LUI DANS LA SOIRÉE.

Cette poétique périphrase de *Professeur de graces et de maintien noble*, signifie, en langage ordinaire, que M. Terpsichore Dujarret est professeur de danse. C'est là une figure de rhétorique habituelle à la plupart des marchands de Paris qui témoignent d'une imagination colossale dans la fabrication de leurs enseignes et de leurs prospectus dont quelques uns, ceux des pharmaciens, entre autres, sont parfois de véritables morceaux d'éloquence.

M. Terpsichore Dujarret n'a pas été toujours simple professeur, Il y a vingt années environ, au bon temps des Vestris et des Perrot, alors que la belle danse, la danse noble brillait de tout son lustre, M. Dujarret débuta à l'Opéra dans le ballet de *Flore et Zéphir*, où il se fit remarquer par une grande vigueur jointe à beaucoup de souplesse.

Qu'il était beau alors, lorsque, vêtu d'une petite tunique de gaze, les bras nus, le col couvert à la façon des bras, une couronne de rose ponpon, fichée coquettement dans les cheveux et la bouche en cœur, il descendait des frises dans un nuage de carton, en lançant des œillades assassines aux loges et aux galeries ! O Terpsichore, combien de cœurs enchaînâtes-vous à votre char triomphateur? Qui nous dira, ô moderne don Juan, le chiffre total des billets parfumés que vous reçûtes, des rendez-vous que vous donnâtes, et des malheureuses que vous fîtes?.....

Mais hélas ! il n'est pas de beau jour qui n'ait un pluvieux lendemain ! Tout s'use ici bas ; les goûts changent, les passions se transforment et se modifient. On brûle ce qu'on a adoré, sauf à adorer ce qu'on a brûlé. Napoléon est mort à Sainte-Hélène et le beau danseur, divinité déchue, n'est plus, à l'heure présente, qu'un mythe, une impossibilité, un souvenir dans le cœur des femmes de quarante-cinq printemps.

Terpsichore Dujarret, fier comme sont tous les grands artistes, quitta donc l'Opéra jour où il vit les saines traditions foulées aux pieds par des directeurs vandales qui ne rougissaient pas (*horresco referens*) de vouloir l'assimiler aux comparses du ballet.

On a dit que la vengeance est le plaisir des dieux. Terpsichore Dujarret ne pouvait donc faire autrement que de se venger, lui surtout qui, de deux soirs l'un, avait représenté, pendant si longtemps, tous les dieux imaginables de l'Olympe. Ce fut alors qu'il dressa autel contre autel et que, rentré désormais dans la vie civile, il se consacra tout entier au professorat, jurant de combattre, autant qu'il était en son pouvoir, les projets homicides nourris par des impies, à l'encontre de la danse.

L'âge précis de M. Terpsichore Dujarret rentre, en compagnie du mouvement perpétuel et de la quadrature du cercle, dans la série des problèmes insolubles; il dissimule son extrait de baptême avec autant de soin qu'une jeune première de la Comédie-Fran-

çaise. Il est l'un des plus actifs soutiens du commerce de pommades conservatrices et de poudres rajeunissantes ; Désirabode et madame Ma n'ont pas de pratique plus assidue et les fabricantes de corsets répressifs travaillent incessamment pour lui.

M. Terpsichore Dujarret est sévère dans sa mise. L'habit

oir et la cravate blanche semblent avoir fait un bail à vie avec
a personne; il est, le plus souvent, chaussé d'escarpins, ce
ui l'autorise à montrer un pied qui autrefois, dit-il, a valu son
esant d'or. Il a du beau linge et ses doigts sont ornés d'une foule
e bagues, cadeaux, s'il faut l'en croire, de plusieurs têtes cou-
onnées qui désirent garder l'anonyme.

O vous tous, ou plutôt ô vous toutes qui avez applaudi et lorgné
e danseur d'Opéra, vous ne reconnaîtriez plus le professeur de
ause. Le papillon a coupé ses ailes; Terpsichore est devenu
1. Dujarret. En homme intelligent, il a compris que pour s'in-
roduire dans les pensionnats de demoiselles et pour s'attirer la
onfiance des mères de famille, il ne s'agissait point de conserver
es petits airs folâtres, si bien placés sur la scène de l'Académie
oyale de Musique. M. Terpsichore s'est donc fait grave comme
n quacker et il s'est composé une physionomie à l'avenant. Je
ois avouer, en toute humilité, qu'il a eu une peine infinie à se
shabituer de ses sourires de danseur. On ne conserve pas impu-
ément une bouche en cœur pendant vingt années de sa vie. Mais
force de soins, de grimaces et d'études, M. Dujarret a fini par
voir une bouche comme tout le monde, — ce qui n'est pas un
ompliment pour tout le monde.

M. Terpsichore, nous l'avons dit en commençant, donne des
cons en ville et fait un cours à domicile, cité Bergère. Là, seu-
ment, il redevient un peu lui, le Terpsichore de *Flore et Zéphir*,
es *Filets de Vulcain*, le Terpsichore de la bouche en cœur: cette
volution se conçoit, et de reste. En ville, M. Dujarret n'a af-
ire qu'à de toutes jeunes filles, sans cesse sous l'aile protec-
ice de leur mère ou de leur maîtresse de pension. Pour un mot,
ur un geste, on le mettrait à la porte, il le sait bien; aussi le
rand-Turc n'a-t-il pas dans tout son sérail d'officier ministériel
us chaste et moins à craindre.

Mais chez lui, chez lui où ne viennent guère que des Taglioni
futures, des Elssler en herbe, toutes aspirantes aux palmes cho-
régraphiques, l'étiquette serait inutile et la comédie superflue.
M. Terpsichore en initiant ses élèves aux secrets de son art, les
initie également aux anecdotes de coulisses les plus piquantes. Il
raconte ses débuts, dépeint la jalousie de ses confrères, parle des
marquises et des duchesses qui lui voulaient quelque bien et ter-

mine son récit par une pirouette éloquente ou par un jeté-battu qui
en dit beaucoup plus qu'il n'est gros.

M. Dujarret nourrit au fond de son cœur une haine invétérée
contre mademoiselle Fanny Elssler, l'une des causes principales,
selon lui, de la décadence où est tombée la chorégraphie depuis
quelque temps. Il la maudit pour *la Cachucha*, il la maudit pour
la Cracovienne, qui ne sont pas plus de la danse (nous citons ses
paroles) que des vers de quinze pieds ne seraient de la poésie.

D'ici à cinq ou six ans, M. Terpsichore Dujarret aura amassé
une honnête fortune qui lui permettra de se retirer des affaires et
de vivre en bon rentier. Alors il se mariera pour *faire une fin*.
La veille de la cérémonie nuptiale, il livrera aux flammes un petit
coffret en palissandre, rembourré de mèches de cheveux et de
billets bien tendres.

Il mourra d'un entrechat rentré.

PARIS

XX

LE MARDI-GRAS.

Ce jour là, Paris n'est plus Paris ; le Palais-de-Justice est fermé, la Bourse est fermée, les collèges sont en vacances, les écoles de droit et de médecine sont closes, les journaux ne paraissent pas ; on ne parle ni asphalte, ni politique, ni bitume, ni littérature, ni quoi que ce soit ; la question espagnole, la question d'Afrique et les mille et une autres questions pendantes, sont complètement délaissées ; bref, c'est un jour unique ; un jour sans second et à nul autre pareil, comme disait les poètes, avant que *Malherbes vint*.

Ce jour là, Paris n'existe que sur deux points : la rue Saint-Honoré et la ligne des boulevards. Partout ailleurs vous ne rencontrerez que rues désertes et boutiques fermées : on dirait Herculanum ou Gomorrhe. Les omnibus n'ébranlent plus les pavés de leur masse roulante ; les mille cris des marchands, ce perpétuel concert des rues, ne troublent même pas le silence. C'est le cas de s'écrier : « Rien ne va plus! » à l'instar des croupiers de Frascati, de défunte mémoire.

Mais au boulevard, mais dans la rue Saint-Honoré, quelle différence ! là, dès le matin, les maisons sont assiégées, envahies par des flots de parents, d'amis et de connaissances. Chaque fenêtre donne asile à des myriades de têtes, les spectateurs s'échelonnent,

s'emboîtent, se superposent : c'est l'échelle de Jacob. Il y en a aux soupiraux des caves et aux tabatières de la mansarde. Voilà pour les maisons.

Dans la rue, sur les trottoirs, c'est quelque chose de bien plus formidable encore. Les grains de sable de la mer, les étoiles du firmament ne sont pas en plus grand nombre que les curieux qui affluent de toute part. Paris, la banlieue, tout le département de Seine-et-Oise, plusieurs millions d'âmes, en un mot, se pressent, se poussent et se culbutent à qui mieux mieux. Jamais triomphateur ne trouva autant de foule ni autant d'acclamations sur son passage. — Vrai, quand on songe au but qui a rassemblé tant d'élémens hétérogènes, c'est à désespérer de l'esprit du peuple , le plus spiri....... etc., etc., etc.

Une chose stupéfiante à penser, c'est qu'à un signal convenu , il se trouve quelque vingt mille personnes des deux sexes, toutes disposées à se travestir, à se barbouiller le visage et à venir parader,

en plein air, durant plusieurs heures consécutives. Pour moi, qui ne conçois que l'impromptu en fait de plaisirs, je me suis bien souvent demandé comment on pouvait s'amuser à heure fixe, si tant est qu'on s'amuse.

L'origine du mardi-gras se perd dans la nuit des temps ; si j'étais membre de l'Académie des inscriptions, professeur au collège de France, ou tout au moins élèves de l'école des Chartes, je vous ferais là dessus une scientifique dissertation qui pourrait bien vous

charmer, mais qui, à coup sûr, ne manquerait pas de vous endormir. N'ayant pas l'honneur de faire partie de la moindre société savante, pas même de la société du Caveau, je me bornerai à vous peindre le mardi-gras, tel qu'il existe de nos jours, sans m'occuper de ce qu'il pouvait être, il y a deux mille ans. Je n'y perdrai rien et vous y gagnerez quelque chose.

Donc le mardi-gras est un de ces jours qu'il faut marquer de toute sorte de petites pierres blanches, à la façon des Romains, car c'est le jour du rire par excellence. Ce jour-là, tout le monde se déguise en Turc, ce qui explique pourquoi, durant vingt-quatre

CJT.

heures, l'allégresse va toujours en croissant.

Alors, à partir de midi, le boulevard — et j'entends de la Madeleine à la Bastille, — devient la propriété de la plus singulière population qui se puisse voir. Outre les curieux dont j'ai déjà parlé, et qui se pressent sur les trottoirs, la chaussée est envahie par des multitudes d'équipages, de fiacres, de cabriolets, de coucous, de tapissières et de cent autres véhicules sans nom où se prélassent

des masques avinés et beaux esprits.

Les résultats tant vantés du traité de la quadruple alliance ne pèsent pas une demi-once quand on les compare aux conséquences du mardi-gras. Par lui, l'Angleterre fraternise avec la Suisse ; la Russie et la sublime Porte sont les meilleures amies du monde. Rien de moins surprenant que de voir réunies, dans un même fiacre, les nations les plus antipathiques, résultat sublime contre lequel a échoué le prince de Talleyrand et que Babin réalise chaque année, au vu de tout le monde.

Les masques du mardi-gras se divisent en deux catégories; ceux qui vont à pied et ceux qui roulent en voiture; les uns pataugeant dans la crotte, traînant à travers la fange des ruisseaux, leurs guenilles maculées; les autres, moins hideux d'aspect, mais tout aussi repoussans de langage, car il existe, pour ce jour là, un idiome spécial, auprès duquel l'argot des bagnes est du français de Racine. Mais c'est ainsi que nous pratiquons la logique en France. Telle femme qui ne va pas au théâtre du Palais-Royal, parce qu'elle a été élevée dans la crainte du diable et de Mademoiselle Déjazet, écoute complaisamment, pendant des heures, *les engueulemens* (c'est le mot technique) de *mylord l'Arsouille* avec les *Badouillard*. Cette anomalie vient peut-être aussi de ce que les avant scènes du théâtre coûtent six francs la place, tandis que le boulevard, de même que le soleil, luit pour tout le monde.

Il existe à Paris un préjugé fortement enraciné, d'après lequel lord Seymour serait l'âme damnée, le bout-en-train suprême de tous les mardi-gras possibles. Une voiture grise un peu moins sale

que les précédentes, traverse-t-elle le boulevard, avec un semblant de galop? vous entendez la foule s'écrier aussitôt : « Farceur de lord Seymour, va! » Cinq minutes après, c'est le tour d'une calèche rouge, et la foule de reconnaître encore lord Seymour; puis c'est un coupé jaune, et lord Seymour est, plus que jamais, reconnu par la même foule !

La soirée du mardi-gras est celle où l'on exécute le plus d'entrechats espagnols et de pirouettes andalouses. On danse à l'Opéra

et chez Musard; à la Renaissance et à l'Opéra-Comique; au Casino et chez Dufrène; aux Variétés, à la Porte-Saint-Martin, à l'Ambigu ; à la Gaîté, dans cinquante autres lieux publics; chez tous les particuliers qui ont un appartement de deux pièces et même chez ceux qui n'en ont qu'une. Tous les masques du boulevard s'éparpillent au café Anglais, à la Poissonnerie et aux Vendanges de Bourgogne, pour se retrouver ensuite à la descente de la Courtille, cette fabuleuse descente qui consiste uniquement dans l'action de monter le faubourg du Temple.

Certes, nous ne sommes pas plus moral qu'un autre et nous n'avons aucune velléité de disputer le prix Monthyon aux candidats de l'année prochaine; pourtant nous demanderons au lecteur la permission de tirer un voile sur cette partie du mardi-gras, qui n'est rien moins que vertueuse, quoiqu'elle soit éclairée par le *lever de l'aurore.*

LE PATISSIER A LA MODE.

Qui dit *pâtissier à la mode* dit naturellement Félix, et qui dit Félix, dit par contre-coup passage des Panoramas. Ces deux réputations sont liées l'une à l'autre non moins étroitement que les jumaux siamois, de monstrueuse mémoire. Donc, à propos de Félix, parlons du passage des Panoramas, comme à propos du passage des Panoramas nous parlerions de Félix.

Le passage des Panoramas ne s'est développé qu'insensiblement. Avant d'arriver à cette pureté de lignes et à cette régularité de formes qui font la joie du Parisien et l'admiration de l'étranger, il demeura long-temps quelque chose de rachitique et d'incomplet, réclamant à hauts cris les vigoureux secours d'une savante orthopédie. Aujourd'hui la cure est achevée, les imperfections physiques du passage des Panoramas ont disparu ; sa taille a pris de l'aisance et s'est développée ; et ses bras, collés jadis fort disgracieusement le long de son corps, s'étendent présentement avec majesté, le bras droit jusqu'à la rue Vivienne, le bras gauche jusqu'à la rue Montmartre.

Le passage des Panoramas est un bazar au grand complet, une exposition de toutes les industries imaginables : rien n'y manque. Une famille pourrait fort bien y passer sa vie entière sans éprouver une seule fois le besoin d'en sortir ; restaurans, bains, cafés, civette, tailleurs, bottiers, théâtre, chapeliers, confiseurs, tout se rencontre à souhait dans cet heureux passage ; tout jusqu'à des cabinets de lecture, des cabinets particuliers et bien d'autres cabinets encore.

Il est quatre choses qu'un provincial tient éminemment à cœur de visiter le jour même de son arrivée, débarquât-il à neuf heures du soir, ce sont le Palais-Royal, l'Opéra, le marchand de galettes du

Gymnase et le passage des Panoramas. Cent provinciaux étant donnés, quatre-vingt-quinze accompliront infailliblement ce pélerinage.

Le passage des Panoramas surtout ! voilà un nom qui fait bondir le cœur de tout provincial qui a lu un seul roman de M. Paul de

Kock ! un nom qui lui remue les entrailles et lui teint les deux joues en rouge ponceau. Le passage des Panoramas, c'est-à-dire la capitale du monde-grisettes, la réalisation parfaite du paradis voluptueux de Mahomet, avec ses innombrables phalanges de houris aux yeux bleus, aux yeux noirs, aux yeux châtains. Rien que d'y songer, le provincial en voit de toutes les couleurs.

Aussi avec quel soin il noue sa cravate blanche ! quelle coquet-

terie dans l'arrangement de ses cheveux ! quels parfums d'eau de Cologne et de pommade à la rose s'échappent de toute sa personne au moment où, pour la première fois, il pose un pied ému dans le passage des Panoramas. Mais hélas ! c'est en vain qu'il regarde, flaire et examine ; aucune de ses espérances ne se réalise ; on passe, on le coudoie, on piétine sur ses cors, on lui envoie des bouffées de tabac au visage et pas le moindre minois chiffonné ne semble

faire attention à son physique : le provincial est démoralisé. Croyez donc encore aux romans de mœurs !

Si, dans sa promenade au milieu des mille détours du passage, le provincial ne perdait que ses illusions, il n'y aurait que demi-mal ; mais, hélas ! il n'est pas toujours quitte à si bon marché. Pendant qu'il se pâme devant l'étalage de Susse, une main subtile fait connaissance avec le fond de ses poches et se promène audacieusement dans les replis de son gousset.

De tous les passages parisiens, le plus fréquenté est certainement celui dont nous parlons ; à quelque heure de la journée que vous le traversiez, vous le trouverez encombré d'une foule remuante et grouillante comme celle d'une fourmillère. A voir l'affluence qui l'obstrue durant les jours d'averses, on est en droit de dire que le passage des Panoramas est le parapluie

de ceux qui n'en ont pas. Il nous souvient à ce propos, de n'avoir point mis moins de vingt-sept minutes pour le traverser: notez bien que nous nous étions engagé dans son labyrinthe, pensant raccourcir notre route de moitié.

Cette suprématie sur ses confrères, cette vogue toujours croissante, le passage des Panoramas la doit principalement à sa position géographique. Placé au centre du beau Paris, correspondant avec quatre grandes rues différentes, débouchant directement sur le boulevard Montmartre, ce rival heureux du boulevard Italien, sa topographie est admirable; il joint en outre à cet agrément l'a-vantage d'abriter des réputations européennes. Le musée Dantan, les côtelettes du café Véron, les gants de Mme Jacob, le thé de Marquis, les merveilles de Susse et la boutique du pâtissier Félix ont franchi depuis long-temps les barrières parisiennes.

La boutique du pâtissier Félix surtout! Félix l'un des plus grands artistes parisiens, Félix qui, à l'instar de Malherbes, a trouvé une chose sans goût, et à peine sans nom : la pâtisserie; et qui, de cette chose, a fait un art devant lequel on est contraint de s'humilier avec admiration; aussi la foule parisienne, cette foule moins ingrate qu'on veut bien le prétendre et qui n'a jamais laissé le vrai mérite sans récompense, a-t-elle pris Félix sous sa protection immédiate.

Ah! à propos, le passage des Panoramas devrait bien être débaptisé, maintenant que les panoramas qui existaient à l'époque de sa construction ne sont plus qu'un souvenir. Il est temps de mettre à exécution ce projet conçu depuis longues années de donner à chaque rue, à chaque place de Paris, le nom d'un personnage célèbre par son génie, comme on l'a fait jadis pour le quai Voltaire et plus récemment pour... la galerie Véro-Dodat.

XXII

LE MARCHAND DE BEIGNETS.

(La scène se passe sur le Pont-Neuf. Le père Lalouette, en attendant la pratique, devise avec son voisin Mistenflûte, le décrotteur.)

LALOUETTE. Quoi que vous avez donc, voisin, à c'matin que vous êtes plus jaune qu'un poturon, sauf vot' respect?

MISTENFLUTE. M'en parlez pas, père Lalouette, j'suis enguignonné jusqu'au cou... on m'a j'té un sort, quoi! diriez-vous qu'à c'te heure, midi moins le quart, j'ai pas encore étrenné!..

LALOUETTE. Si c'est possible?

MISTENFLUTE. C'est vrai ça, on dirait que le bon Dieu s'en mêle, lui aussi... Voilà plus de huit jours qu'il n'a pas tombé une seule goutte d'eau dans Paris.

LALOUETTE. Eh! bien, vous vous en plaignez, vous! excusez... la mariée est trop belle...

MISTENFLUTE. De quoi, si je m'en plains... C'est-à-dire que j'en maronne! S'il ne pleut pas, il n' fait pas d'crotte, et s'il n' fait pas d'crotte, comment voulez-vous que le bourgeois y s'fasse décrotter?

LALOUETTE. La chose est juste... Moi, j'suis-t-assez content pour le quart d'heure. C'est pas pour dire, mais la chose de la friture est pas mal florissante; ça boulotte... ça boulotte.

MISTENFLUTE. Pardine! vous, ça m'étonne pas, vous êtes connu pour vot' bonheur. J' parie vous que avez une queue de lézard dans vot' poche?

LALOUETTE. Pas plus que dans mon œil.

MISTENFLUTE. Alors vous pouvez vous flatter d'en avoir une fière chance! Si j'connaissais pas de vue les auteurs de vos jours, je vous croirais le simple enfant du pur hasard, tant que vous en avez de c'te chance.

LALOUETTE. Ah! dam, mon fiston, c'est que je la mène dure moi, la vie...

MISTENFLUTE. Eh! ben, et moi donc!

LALOUETTE. C'est pas pour mécaniser personne, mais j'en connais pas un sur tout le pont qui soye levé avant moi ou couché

après. Tant que dure la sainte journée du bon Dieu, j' suis là, fixe au poste, toujours prêt à contenter la pratique, c'est-y vrai Mistenflûte?

MISTENFLUTE. Ça, c'est une justice à vous rendre, et quéqu'il que vous avez! J' sais pas comment vous faites, mais avec vous faut toujours acheter quetté chose.

LALOUETTE. Ça, mon enfant, c'est la chose de trente-trois ans d'essepérience.

MISTENFLUTE. Y a trente-trois ans que vous êtes dans la friture?

LALOUETTE. Ne plus, ne moins.

MISTENFLUTE. Ah! ben, vous avez eu l' temps d'en manger des beignets?

LALOUETTE. Et d'en vendre donc! tel que vous me voyez, voisin, j'en ai vendu à des généraux et à des princes.

MISTENFLUTE. Quand ça? la semaine dernière?

LALOUETTE. Non, du temps de l'autre; à une époque où y avait tant d'habits brodés dedans Paris que pour pas crever de faim, ils étaient obligé de manger de tout...

MISTENFLUTE. Même des beignets?

LALOUETTE. Surtout des beignets. Le beignet et l'obélixe de Louksor, c'est les gloires de la France.

UN GAMIN *(passant)* deux sous de pommes de terre frites, si vous plaît.

LALOUETTE. Va-t-en donc voir un peu là-bas si j'me promène... Le père Lalouette ne vend qu'aux bonnes pratiques.

LE GAMIN. De quoi! de quoi! j'en suis donc pas une bonne, moi?

LALOUETTE. Allons file ton nœud et plus vite que ça, ou je te réclame les huit sous que tu oublies d' me payer depuis plus d'un an.

(Le gamin disparaît.)

MISTENFLUTE. Ni vu, ni connu... *il a fui comme une ombre.*

LALOUETTE. C'est comm' ça que faut agir dans le commerce si j'avais toujours fait ce métier, je s' rais plus riche, et voilllà.

MISTENFLUTE. Est-ce qu'on vous a fait souvent au même, père Lalouette?

LALOUETTE. Eh! eh! quelle fois, mais j'ai pas trop à m'en plaindre, quoique ça, chat échaudé craint l'eau froide.

(Passe une grisette trottant menu, et tortillant des hanches).

LALOUETTE. Pst! pst! oùs que vous allez donc si vite, mam-zelle Clara, que vous passez sans dire seulement bonjour aux amis?

CLARA. Est-il donc tannant, c' père Lalouette!.. non, mais l'est-y; mais l'est-y! c'est qu'il y a pas moyen de l'éviter.

LALOUETTE. Et pourquoi qu'on m'évite au jour d'aujourd'hui?

CLARA. Parce qu'avec vous, c'est toujours la même chose pour changer : il faut consommer ou dire pourquoi.

LALOUETTE. Tenez, goûtez-moi d' ces beignets, sa majesté Louis-Philippe première n'en a jamais mangé d'aussi chouettes.

CLARA. Voilà justement ce que je voulais éviter... Diables de beignets, j'en raffole, j'en mange, j'en dévore, et puis après, va te promener... là, qu'est-ce que je disais? *(Elle se sauve en courant.)*

MISTENFLUTE. Père Lalouette! père Lalouette!

LALOUETTE. Quoi qu'il y a?

MISTENFLUTE. Je la tiens...

LALOUETTE. Qui ça? la pratique?

MISTENFLUTE. Non, la pluie... vive la charte, v'là le nuage qui crève...

LALOUETTE. Ah! qué drôle de citoyen vous faites, vous, avec votre pluie... mais la pluie, c'est la ruine de l'homme.

MISTENFLUTE. Dites-donc que c'est sa fortune... j' veux avoir gagné trente sous d'ici à deux heures.

(Il étale ses brosses et ses pots à cirage. Lalouette rentre sa devanture).

MISTENFLUTE. Est-ce que vous partez, père Lalouette?

LALOUETTE. Quelle heure qu'il peut bien être?

MISTENFLUTE. Sept heures et même quelque chose avec.

LALOUETTE. Tant que ça... alors je me sauve... j'suis-t-attendu au faubourg Marceau.

MISTENFLUTE. Pour une noce?

LALOUETTE. Oui, du cossu : pain et veau à discrétion...

MISTENFLUTE. Excusez du peu...

LALOUETTE. C'est moi que j'ai l'entreprise de la friture.

MISTENFLUTE. Alors dépêchez-vous que vous pourriez bien être en retard.

LALOUETTE. En retard, moi... Jamais! d'ailleurs je parie que les époux sont encore à la mairerie. — Bonsoir voisin. *(Il part.)*

PARIS

C. Malafleau.   Litho de J. Cabiche Bourneau & C.

LE BOIS.

LE BOIS DE BOULOGNE.

Il y a dans Paris un nombre effroyable de Parisiens qui n'ont jamais perdu de vue le sommet des tours Notre-Dame et dont les Colonnes d'Hercule sont irrévocablement placées à la barrière du Trône. Ces gens-là, qui se croient à la campagne, lorque d'aventure il leur arrive de fouler la poussière des Champs-Élysées, appellent la Seine *un fleuve* et l'intérieur du Palais-Royal *un jardin.* En fait de montagnes, ils n'admettent que les buttes Montmartre et n'ont d'autre idée de la nature que celle qu'ils ont puisée dans les décorations de l'Académie royale de Musique. Ils en sont toujours aux bergères d'opéra-comique et se figurent que les vachères du Berry promènent leurs troupeaux en poudre et en déshabillé de satin, ce sont eux, ces Parisiens sédentaires, qui croient encore à l'existence de la Forêt-Noire, qui demandent sérieusement le nombre d'arches du Pont-Euxin et qui intitulent bois de Boulogne, cet espace entouré de murailles, que le voyageur rencontre sur la route de Neuilly, non loin de l'Arc-de-Triomphe.

Le bois de Boulogne est tout ce qu'on veut, à l'exception d'un bois. C'est un parc, c'est une promenade, c'est un jardin, d'accord; mais autre chose je le nie. Ombrages touffus, fourrés épais, labyrinthes silencieux, ormeaux séculaires vous n'y trouverez rien de ce qui constitue le bois proprement dit; on y rencontre en revanche du bruit, de l'agitation, des équipages, des toilettes et toute cette collection de gants-paille et de bottes vernies, visible

sur le boulevard Italien de sept à neuf heures, tous les soirs.

Car le bois de Boulogne est le rendez-vous du monde fashionnable par excellence; le bois de Boulogne est un Longchamp perpétuel, où viennent s'étaler toutes les bizarreries, et, passez-moi le mot, tous les ridicules de la mode. C'est au bois que se sont

hasardées pour la première fois *les manches à la gigot;* c'est encore au bois qu'ont débuté *les bibis* et les *burnous.*

Le bois de Boulogne est la promenade de prédilection des gens à équipage et des gens à chevaux. Avant ou après l'heure du dîner, suivant la saison, des milliers de landeaux, de coupés, de cabriolets et de calèches, s'élancent au galop dans l'avenue des Champs-

Élysés, traversent en un clin d'œil l'avenue de Neuilly et débouchent au bois par dix portes différentes; aux portières caracolent les habitués du Jokei's club dont les chevaux, brillans élèves du manège Pellier et Beaucher, exécutent toute sorte de séduisans écarts. A cette heure, le bois de Boulogne est magnifique d'aspect: tous les grands noms, toutes les grandes fortunes y sont représentés. Voici les armoiries du duc de Larochefoucauld, les armes de M. Aguado, marquis de las Marismas et jusquau blason de M. Scribe, blason spirituel autant que dix couplets du vaudeville et que tout le monde connaît : deux plumes en sautoir avec cette légende : *Indè fortuna et libertas.*

C'est au bois que se font et se sanctionnent les véritables réputations d'élégance et de dandysme. On y juge un promeneur de fond en comble sur son attelage ou sur la façon de se tenir à cheval, et puis venez donc dire après cela que *l'habit ne fait pas le moine,* on vous répondra victorieusement *que le cheval c'est l'homme.*

Mais le bois de Boulogne ne conserve pas toujours une allure à ce point riante et gracieuse. Vu le matin, il n'est plus reconnaissable; les allées sont désertes, le vent siffle tristement à travers les massifs silencieux et l'on ne rencontre que des gardes que l'on voit errer solitairement comme des ames en peine.

Tout-à-coup, le silence est interrompu; un roulement de voitures se fait entendre et deux fiacres prennent une allée, puis une autre; puis une troisième et s'arrêtent d'un commun accord au plus épais du bois ; alors les portières s'ouvrent et six personnes en descendent. A leurs rédingotes et à leurs physionomies strictement boutonnées, il est impossible de se méprendre sur le but d'une promenade si matinale. C'est un duel qui va avoir lieu. Car le bois de Boulogne partage avec le bois de Vincennes le monopole de toutes les rencontres de quelque nature qu'elles soient : ce sont les Prés-aux-Clercs de l'époque.

Mais rassurez-vous, âmes sensibles qui me faites l'honneur insigne de me lire. Il y a vingt à parier contre un que le sang ne coulera pas. Et d'abord, il est bien rare que deux gendarmes, cachés dans un coin, n'apparaissent subitement, pareils au *Deus ex machina* d'Horace, en sommant les champions de se retirer à l'instant même ; et puis, par les réquisitoires qui courent, il faut, pour se battre tout-à-fait, tourner légèrement au cannibale ; à ces causes, le restaurateur de la porte Maillot est chargé le plus souvent de raccommoder les parties belligérantes, mission dont il s'acquitte d'ailleurs avec la plus louable philantropie.

Le bois de Boulogne est encore, à ce qu'il paraîtrait, un endroit en haute faveur auprès de tous ceux que fatigue le poids de l'exis-

ence. Il ne se passe point de semaine qu'on ne s'y suicide par le

pistolet ou par la corde. Les gardes ont même à cet égard une consigne très sévère ; il leur est enjoint de faire, dans la matinée, une chasse minutieuse aux cadavres et de les enlever le plus tôt possible pour épargner aux habitués un spectacle qui pourrait troubler leur digestion.

On trouve à la porte Maillot deux écuries rivales qui louent des coursiers aux commis en congé et aux étudians en vacances. Ces

quadrupèdes qui paraissent de véritables chevaux lorsqu'on les aperçoit de très loin, ne sont en définitive que des ombres de chevaux. Moyennant une location de quarante sous par heure et qu'on paie d'avance, on a le droit d'enfourcher ces nobles animaux ; il est juste d'ajouter que c'est là l'unique droit dont on soit possesseur ; car pour les faire galoper ou seulement les faire trotter, c'est chose reconnue matériellement impossible, ils sont scellés dans le sol et ne consentent à marcher qu'à la dernière extrémité.

Il y a cent ans, le bois de Boulogne justifiait son nom par son isolement ; aujourd'hui, c'est un jardin public. Il est à présumer qu'avant un siècle, ce sera tout simplement un nouveau quartier de Paris.

PARIS

XXIV

LES BALAYEURS.

A six heures du matin, Paris est la ville du demi-sommeil, du demi-jour et du demi-bruit ; Paris, à cette heure, s'étend, se tire les bras et baille par toutes ses bouches. Les sabots du balayeur l'ont éveillé.

Les barrières s'ouvrent, les portiers éternuent, les cheminées s'échauffent, la rue Saint-Denis passe ses bas, de la Madeleine à la Bastille on se frotte les yeux et le long ruban des boulevarts ne ressemble plus à une immense solitude : Paul de Kock a pris sa canne et son chapeau et s'est déjà mis en campagne pour les chapitres populaires de son nouveau roman.

Du côté des halles et des marchés résonnent d'abord quelques pas ; les souliers ferrés des artisans claquent, par intervalles, sur la chaussée ; puis à ce bruit distinct, sonore, vient se joindre celui des ferblanteries de la laitière, symétrisant sa crème hérétique et son lait bon chrétien sous les fenêtres de Vernet qui s'est levé pour voir madame Gibou.

Ensuite, on entend rouler la charette du boucher que traîne un dogue intelligent ; une autre voiture de maraîcher suit celle-ci ; il en survient une troisième que six normands ont de la peine à mouvoir. Petit à petit, les voix se mêlent aux cris, les cris aux grincemens des roues : tout parle, tout bruit.

Il n'y a plus une seule rue de morte, pas un recoin d'inanimé ; les passans étaient rares, en cinq minutes ils sont devenus si nombreux qu'on ne pourrait les compter à présent. Le vacarme avait commencé en sourdine, il en est arrivé à un crescendo infernal ; Paris a soulevé ses grandes paupières et repris son imposante voix. Les sonneries de Notre-Dame ébranlent toute la Cité.

A ce moment, le véritable Paris industriel, laborieux, le Paris des ateliers est debout ; le Paris de ouate, de duvet, de velours, le Paris petite maîtresse repose encore nonchalamment. On a beau l'agiter à faire trembler les glaces de ses murs et frissonner ses lambris peints par Cicéri, ce Paris-là n'a pas d'oreilles dans son alcôve de mousseline ; il ignore les splendeurs du point du jour.

C'est pour ce Paris qui dort que le Paris éveillé travaille, balaie, approprie les rues et les trottoirs ; ce sont les matinées perdues des seconds qui se retrouvent métamorphosées en argent pour les premiers. Le pauvre vit des miettes du riche.

Or, Paris, à six heures du matin, est la ville en veste et en casquette, le faubourg sans sous-pieds et sans gants, la métropole du débitant de consolation et la capitale du flan et de la pipe. Paris, alors, est l'oasis de l'ouvrier qui obéit à la cloche de la manufacture, et va en journée un morceau de pain sous le bras avec un eustache pendu à la boutonnière de son gilet ; c'est l'Éden de l'apprenti qui, le dimanche, se rend aux barrières en marchant sur les tiges de ses bottes.

A six heures du matin, on étrille les chevaux, on arrose le devant des portes, on court acheter son pain de gruau ; l'habitant si ma-

tinal dédaigne la pâte d'amandes, ne connaît ni les pantoufles fourrées, ni la robe de chambre de soie. Cette population qui se dresse avec le chant du coq se lave les mains tous les huit jours, suit peu les cours du Conservatoire, mais reçoit en revanche ses leçons de musique de l'orgue de Barbarie. Ce sont encore les gamins qui marchent au pas devant les tambours d'un régiment ; ce sont les habitués du coco, des bains du pont de Grenelle, et les curieux des expositions du Palais-de-Justice. Le soleil est toujours en retard pour eux.

Enfin, commissionnaires et porteurs d'eau, boulangers et grisettes se heurtent, se croisent ; quelques instans encore, et ce

monde à la physionomie particulière, au cachet plébéien, sera au rabot, à la lime, à l'établi ; d'autres allures, d'autres visages, d'autres types le remplaceront. N'entendez-vous pas sept heures qui sonnent à Saint-Eustache, à l'Hotel-de-Ville, au Val-de-Grâce, à la Bourse et partout ?

A ce signal les balayeurs doivent avoir purifié nos places, nos carrefours, et fait la toilette des ponts ; l'inspecteur qui les surveille et les dirige, les envoie de là dans les marchés, aux alentours des halles pour enlever les résidus de l'approvisionnement des huit cent mille âmes qui nous entourent. Ces braves gens ont commencé par la boue, ils vont finir par les légumes ; on peut à bon droit les surnommer les femmes de ménage de la voie publique. Les égoûts sont leurs galeries.

Le balayeur de Paris est ordinairement vieux et cassé. Vous

vous doutez bien qu'il n'a pas débuté par là ; il a été au contraire très jeune ; sa première profession fut celle de gamin. A cette époque de sa vie, de tous les bons enfans, il fut le plus effréné, le plus fougueux, le plus frénétique ; il appartenait à la famille de ces oiseaux qui ne dorment que d'un œil et appuyés sur une seule patte. Son idolâtrie pour le rien-faire et la noce lui valut de bonne heure un sobriquet pittoresque et caractéristique qui fit considérablement du tort aux noms qu'il reçut en baptême : on l'appelait vulgairement franc-noceur.

Le fils aîné d'un portier est assez noceur de sa nature, quand arrive le moment de quitter la blouse enfantine pour la veste de puberté ; quelquefois même il l'est bien avant d'avoir été affranchi de la conscription. En qualité du plus grand mauvais sujet de sa race, il s'intitule le tapageur du quartier, l'ennemi intime des réverbères et des carreaux en papier. Le noceur a inventé les cigares de paille, les casques en tapisserie et la descente de la Courtille.

Son père l'a déshérité en mourant, après avoir formé sa jeunesse à coups de tire-pied et lui avoir fait faire les commissions du pro-

priétaire. A défaut de vocation précise, le noceur se métamorphose alors de lui-même en remplaçant militaire, ou en abatteur de marche-pieds, ou en professeur de chiens, ou en joueur de macarons, ou encore en balayeur. Il y a des balayeuses qui font aussi partie de cette corporation ; nul ne sait d'où elles viennent, d'où elles sortent. Peut-être ont-elles abandonné le crochet et la hotte du chiffonnier pour la pelle et le plumeau de bois de la voirie. On peut tout au plus affirmer qu'elles perchent rue Mouffetard.

Ainsi que le limaçon, les pluies font sortir le balayeur de sa tannière. L'eau qui s'échappe des gouttières est pour lui comme une bénédiction. La crotte est son pain quotidien ; plus il y en a, mieux il mange. La glace est sa bête noire.

Beaucoup de personnes sont joyeuses de la venue de l'hiver et s'en félicitent au fond du cœur. Que de médecins philantropes se frottent les mains dans la douce expectative des ruisseaux glacés devant la porte de leur hôtel ! le jour où l'eau filtrée de leur carafe se gèle sur leur cheminée, ils entonnent un *hosannah* d'allégresse, un chant frénétique et délirant. Le balayeur, au contraire, tremble de tous ses membres. Il a peur pour sa boue, il craint pour son commerce, il frémit pour cette malpropreté avec laquelle il subsiste.

Pourtant si le froid est intense et sec, cette classe intéressante, qui mérite toute commisération, ne désespère pas entièrement. Elle change d'instrument sans changer de métier, et le balayeur devient casseur de glace.

Ces infortunés attendent, comme la manne du ciel, l'instant où les eaux des fontaines s'étendent en nappes solides à la surface des rues, sur l'asphalte des trottoirs. Pas de terme moyen pour eux : le froid ou le dégel. Plus il fera froid, plus ils seront assurés d'avoir du pain pour leur journée. Le dégel est leur seconde terre promise.

On peut donc appliquer au casseur de glace ce que nous avons dit du balayeur, puisque c'est le même individu : on ne sait comment vivent ces êtres en haillons dont les faubourgs fourmillent, qui mangent on ne sait quoi, et qui couchent on ne sait où. Et pourtant nous lui devons le bienfait de la propreté, la disparition des immondices, et l'avantage immense de n'avoir de la crotte que jusqu'à mi-jambe lorsque nous pourrions en récolter jusque par-dessus l'échine.

En un mot, le balayeur occupe dans la civilisation le rôle que le chlore joue dans l'atmosphère : il assainit et purifie.

PARIS

XXV

LE RETOUR DU BAL.

Il y a une saison dans l'année pendant laquelle le monde est renversé, où l'on prend la vie à rebours, où l'on caresse l'existence à rebrousse poil : ce temps c'est celui de la folie. Du jour de l'Épiphanie au mercredi des Cendres, tout se dit et se fait à l'envers.

C'est en effet une plaisante époque que celle du carnaval ; le carnaval, ce règne exclusif de l'intrigue, des insomnies, de la musique et des petits festins ; ce printemps factice qui commence par une fève et finit par une pincée de poussière !

En carnaval on veille la nuit, on dort le jour. Point de bal en plein midi. Pourquoi donc ne danse-t-on pas le jour ? ou plutôt pourquoi danserait-on au soleil ? La nuit le quadrille est plus engageant aux rayons du lustre ; il est plus effréné parce qu'on lutte contre le sommeil ; il est plus attrayant parce qu'il est en dehors des habitudes ordinaires. Ainsi on fait sagement de galoper, de valser, de traverser, de balancer pendant la nuit ; on fait encore mieux de se coucher, de s'endormir, et de rêver pendant le jour.

Le carnaval une fois en train, on ne déjeune plus, ne dîne plus, ne goûte plus ; les trois repas sont détrônés par le souper, intervertis par le réveillon. Les mets sont bien meilleurs et surtout bien plus agréablement indigestes. C'est un charme, un délire, on en étouffe quelquefois une semaine, on en meurt souvent d'indigestion. Le plaisir ne serait pas complet sans cela.

Les sexes sont aussi confondus en carnaval. Vous êtes abordé par un pierrot qui vous harcèle à force d'indiscrétions. Vous vous laissez entraîner par sa conversation piquante ; vous cherchez à deviner le mystère que cache son chapeau de feutre, sa collerette empesée et sa basquine en mérinos blanc. A la fin, vous vous dites intérieurement : c'est Alfred ou c'est Gustave ; il n'y a que Théophile pour savoir tout cela. Et quand le joli masque se décide à ôter son nez et à mettre ses moustaches dans sa poche, vous reconnaissez dans votre pierrot malin une femme charmante qui vous a fait la cour.

Mais vous, beau promeneur, qui êtes un jeune homme en quête d'une bonne fortune, apercevez-vous dans la foule une éblouissante princesse vénitienne, vous l'acostez. Le sillage de parfum qu'elle laisse derrière elle vous enivre ; sous les richesses de la dentelle qui dessine son corsage semé de perles vous entrevoyez d'au-

tres trésors. Vous la faites danser, vous la suppliez, l'entraînez adroitement dans le piège du consommé, dans le guet-apens du foie gras, et lorsque vous avez obtenu un rendez-vous, un baiser brûlant de passion, vous vous apercevez que la noble vénitienne n'est autre qu'un homme rasé de frais qui se moque de vous.

Ainsi, en carnaval, les hommes sont des femmes, les femmes sont des hommes ; les uns et les autres se mettent à table à l'heure où l'on devrait se mettre au lit, et ils rejoignent la paix de l'alcôve quand on devrait courir au tumulte de la Bourse et dans les allées du bois de Boulogne.

Il n'est pas jusqu'aux produits gastronomiques qui ne subissent leurs transformations. Véfour vous fait manger du thon pour du veau, des filets de sole pour des blancs de volaille, des champignons pour des truffes, et des truffes pour tout autre chose. Passons sous silence les temples de la friandise, où, par forme de mascarade, on sert toute l'année de l'eau de seltz pour du champagne et du surène pour du chambertin.

Après tout, ma foi, vive le carnaval ! il change un peu l'uniformité de notre manière de vivre ; il jette quelque variété dans la monotone procession des événemens d'ici bas ; à ce compte, la vie à l'envers est plus aimable que la vie à l'endroit. La doublure de l'habit vaut mieux que l'étoffe.

De toutes les nuits des jours gras celle du mardi est la plus miraculeuse, la plus féconde en divertissemens. D'une extrémité à l'autre, Paris est en feu ; l'orgie est générale et brillante ; la moitié de la population se donne la main pour ce branle joyeux qui retentit sur les deux rives : bals parés, bals masqués, bals travestis. bals loteries, bals spectacles, bals soupers, bals nobles, bals bourgeois, bals publics, le plateau de Paris se change sous la baguette

d'un démon en une vaste salle de danse traversée par un fleuve de punch.

Les ombres du vieux Luxembourg frémissent au cliquetis des verres qui se brisent sous les mille pieds du quartier latin ; le Palais-Royal voit rôder à travers ses galeries la grande figure de Richelieu que son orchestre a éveillé ; l'Opéra ajoute une merveilleuse histoire de plus aux contes étincelans de son orient de pourpre et d'azur, et les Variétés ébranlent les catacombes sous leurs galops étourdissans et effrénés.

Mais hélas ! le lendemain commence à poindre à l'horizon ; les premières lueurs du mercredi dissipent les derniers brouillards. C'est l'heure du retour, l'épuisement et la lassitude succèdent peu à peu à ces bruyans ébats ; la pâleur du visage perce sous le fard , et les paupières appesanties luttent contre l'assoupissement qui engourdit tous les sens. Rentrez chez vous, beaux masques ! vous n'avez déjà plus le courage de vous déshabiller ; votre divan vous tiendra lieu de couche, et pierrot harassé va ronfler près de sa vénitienne comme un mari près de sa femme. L'inertie forcée à laquelle ils sont condamnés, leur fait expier en ce moment leurs transports carnavalesques.

Ils ne sont pas encore endormis qu'une lettre sinistre leur arrive.

Elle est ainsi conçue :

» Vous êtes prié d'assister au convoi, service et enterrement de Don pasquin-domino-pierrette-polichinelle-poissarde-bazile-arlequin-paillasse, prince de carnaval, gouverneur des jours gras, ordonnateur des fêtes publiques, allié de la folie, et intendant des plaisirs nocturnes, décédé en ses hôtels de l'Odéon, du Gymnase, de la Renaissance, de l'Ambigu, du Cirque-Olympique etc., etc., ce mardi, à l'heure de minuit.

» Malgré une saignée prompte, la veine n'a pas répondu, et le malade a été étouffé par les gelées au rhum, les croûtes au madère, les huîtres d'Ostende et le sauterne. Very, les Frères Provençaux et Chevet assistaient à l'agonie ; ils étaient dans la consternation.

« De profundis.

DEUIL ET CÉRÉMONIES.

» Le café de Paris, le café Anglais, le café Vachette et Tortoni resteront tendus de crêpes toute la journée.

» La carpe au bleu ne figurera plus sur les cartes, tandis que la raie au beurre noir sera d'étiquette pendant toute la durée du deuil qu'on devra porter jusqu'au 6 janvier prochain , fête des rois.

» Le bout des poêles sera tenu par Lemardelay, Champeaux, Quiney et Corazza; marcheront à la suite, ornés de leurs insignes, Nicoteaux, Deffieux, Hardi, Biffi, Richard, Pétron etc., etc. La sortie du cortége sera annoncée par une fanfare de cor de chasse et un roulement de pincettes. Les conviés sont invités à répondre à l'appel.

» Après les chants de circonstance, une oraison funèbre sera prononcée par feu le marquis de Cussy. Carême fera l'éloge des œufs sur le plat, des harengs saurs et des amandes à la reine. Un des membres de la députation des cuisines de la Chaussée-d'Antin donnera la physiologie de l'aileron et l'histoire politique du plumpudding.

» Ensuite on se séparera et chacun ira paisiblement à ses occupations. L'ivresse ne sera plus aussi publique et les soupers aussi étourdissans ; mais on continuera comme par le passé à s'occuper de théâtres, à médire des femmes, à perdre à la bouillotte et à parier aux courses de chevaux.

» Le Fort laissera sa poudre à la régence, le Postillon ses rubans à la modiste, le Marquis ses paillettes aux figurantes de la Porte-Saint-Martin, et le Malin son argot à la marchande des quatre saisons.

» Enfin, pour exprimer mieux la part que chacun est prié de prendre à l'affliction générale, on songera à ses affaires, on ne portera plus que des paletots gris, on pleurera deux fois par jour, au moment du lever et du coucher du soleil, et on affichera la tristesse d'un Maure, en attendant qu'il plaise au carnaval de ressusciter sous la marotte de la gaudriole. »

A quelque temps de là vous voyez passer pierrot dans le cabriolet d'un fils de famille qui écorne son patrimoine, et vous retrouvez la belle vénitienne sous le déshabillé coquet d'une ouvrière en chemises. Le retour du bal a été pour eux le retour au spleen et à l'aiguille.

XXVI

LES ALSACIENNES.

Paris est régulièrement visité chaque année par deux espèces d'hirondelles : l'hirondelle d'hiver et l'hirondelle d'été.

L'hirondelle d'hiver, ce pronostic affligeant, ce terrible précurseur du frisson, cette estafette du verglas, de la neige et de la gelée blanche, c'est le petit Savoyard qui descend de ses montagnes, gros et gras, rond et vermeil, et que nous trouvons partout

sous la veste des acheteurs de peaux de lapins, des joueurs de vielle, des *dancha Catarina*, et des ramoneurs de cheminées.

Aussitôt qu'il a entendu le premier sifflement de cet insecte de mauvais augure, de ce rossignol du mois de novembre, le Parisien enlève son devant de cheminée et fait avertir son fumiste. Le Savoyard est en quelque sorte une pendule ; il marque l'heure du froid sur le cadran de la création.

Son gémissement lamentable est le marteau avec lequel il indique l'instant d'allumer le feu ; son gosier recèle le timbre qui fait entendre le glas funèbre des pantalons blancs et des chapeaux gris. L'hiver ne peut rigoureusement pas commencer sans l'hirondelle, puisque c'est elle qui frappe les trois coups et commande le lever du rideau pour la pièce de la saison des fluxions de poitrine.

Il en est de même pour l'autre hirondelle, celle d'été. Le cri de l'une se traduit par : *Ramoni haut t'enboo — o !* Le chant de celle-ci, moins aigu, moins assourdissant, se compose de six syllabes : *Palai, palai pou'l'mouche !* Les rayons du soleil qui font fuir la première nous amènent la seconde. Voilà comment les Savoyards et les Alsaciennes ne se sont jamais rencontrés ensemble à Paris.

Metz, Nancy, Sarreguemines et la petite ville de Forbach nous expédient cet article en assez grande abondance. Il en vient même de Sarrebruck ; ce sont les plus blondes, et celles dont les lèvres font le mieux la cerise. Entre autres mérites, elles savent parler prussien, ce qui leur donna la vogue lors de l'invasion.

L'Alsacienne s'abat sur Paris par bandes, par vols, par nuées, avec armes et bagages, c'est-à-dire munie d'une provision de balais blancs pour chasser les mouches et d'un tambour de basque pour accompagner ses chansons nationales.

Les abords des cafés sont les lieux que l'hirondelle d'été assiége de préférence ; les curieux s'y montrent plus faciles et se laissent aller plus aisément aux séductions de cette petite industrie qui s'exerce avec tant de naïveté et de bonhomie.

Soit instinct, soit hasard, l'Alsacienne s'adresse presque toujours aux célibataires qui, soit par goût aussi ou par bonté d'ame. sourient volontiers à cette figure rondelette dont les contours s'encadrent si bien dans un bonnet modeste.

Ce n'est pas que ce jupon court et pesant dessine merveilleusement la taille de celle qui le porte ; ce n'est pas que son pied brille dans son grossier bas de laine et que sa jambe soit mieux plantée dans ses souliers de voyage : le secret de ces avantages est tout entier dans le préjugé qui prétend que ces jeunes filles apportent à Paris la fraîcheur de leur village, l'innocence de leur chaumière.

On a vu des rois, dit-on, épouser des bergères. Cela existe parfois dans certains opéras-comiques. Ce qu'il y a de plus sûr, c'est qu'on a vu de vieux garçons enlever de jeunes Alsaciennes. Ainsi se dénoue souvent cette vie aventureuse, ce bonheur errant, cette candeur qui court les rues.

Adieu alors à la cornette sans dentelles, adieu au simple corsage noir fixé par des rubans, adieu au cotillon de bure rayée blanc et bleu, adieu le champ natal, adieu les chansons : adieu tout. La pauvre hirondelle d'été s'est laissé couper les ailes : d'une simple fille, d'une Alsacienne on a fait une jolie serrante.

De quelque pays qu'elles soient, les jolies servantes de Paris ne sont jamais embarrassées de leur sort. Elles trouvent toujours à faire danser l'anse du panier. Le cœur d'un pompier leur est acquis de droit, et elles finissent par épouser un valet de chambre de quelque ambassadeur étranger. Comment voulez-vous reconnaître sous son nouvel attirail notre primitive Alsacienne?

Les jolies servantes ayant toutes un tablier blanc, l'Alsacienne parvenue ne s'en prive pas. C'est par là qu'on les distingue ; c'est pour ainsi dire leur livrée de calicot. Elles ne savent ni lire ni écrire; en revanche, elles apprêtent délicieusement un lait de poule et bassinent à merveille un lit avec du sucre râpé. L'hirondelle a bientôt appris ces premiers élémens de sa nouvelle condition.

A quelques exceptions près, toutes les jolies servantes s'appellent

Babet, Toinette ou Gothon. Béranger les a célébrées dans ses cou-plets égrillards. Il a eu tort d'oublier l'Alsacienne qui n'a pas craint de renier Catherine, Charlotte, Marguerite ou Boulotte pour un nom moins poétique, moins allemand.

Dans les jeunes ménages, les jolies servantes, l'ex-hirondelle d'été particulièrement, donnent souvent du fil à retordre à la maî-tresse de la maison. Aussi n'est-ce pas toujours là qu'on rencontre les minois domestiques les plus agaçans : le laideron au contraire y domine. Les figures de l'antichambre sont atroces en pareil cas; ce sont pour la plupart des singes masqués avec un béguin et un fichu de poil de chèvre. L'inconstance du boudoir ne doit pas des-cendre jusqu'à l'office.

Le célibataire raffole surtout de l'Alsacienne métamorphosée en jolie servante. Chez lui, c'est elle qui tient les clés : celle de la cave, celle de l'armoire aux confitures. Elle commande , elle ordonne , elle mange en cachette à la table du maître, qui prend d'extrêmes familiarités avec elle, la tutoie et lui caresse le menton quand il a l'imagination exaltée. (Voir pour de plus amples renseignemens le charmant vaudeville intitulé : *Le dîner de Madelon*.) Désaugiers avait approfondi la question des jolies servantes de son époque. Sa cuisinière devait être originaire d'Alsace.

Les vieux garçons ont eu de tout temps un grand faible pour les jolies servantes qui estropient le français ; quelques uns leur assu-rèrent des rentes pour leurs loyales attentions ; d'autres déshéritent leur neveu afin de laisser tout leur bien à la femme qui soigna leur goutte, leur catarrhe, leur paralysie, leur pleurésie et leur hydro-pisie. Une jolie servante, avec un peu de bonne volonté, est capa-ble de rendre tant de services !

Nous omettons à dessein les Alsaciennes que leur étoile change un beau soir en figurantes de l'Ambigu ou en princesse d'avant-scène. Une fois que le balai pour chasser les mouches siége tout-à-fait au salon, il faut désespérer de la gaudriole en jupon leste et de la débonnaireté en chaussons gris. La coquetterie fardée efface la naïveté, et la franchise du département de la Moselle disparaît, car, dans la plus jolie servante comme dans la plus pure Alsacienne, il n'y a pas toujours l'étoffe d'une belle grande dame.

XXVII

LES RESTAURANS SANS NAPPE.

Venite et credetis, venez et vous croirez.

Il n'est aucun de vous qui ne pense, à ce préambule, que je vais faire un sermon et que je prends ces deux mots latins pour prétexte à une oraison funèbre. Non pas, non pas, nous vous prions de croire que nous ne sommes point un Bossuet au petit pied.

L'idée de nous travestir en Massillon est aussi loin de nos intentions que l'Observatoire est loin des moulins de Montmartre. On naît peintre, ou poète; on naît rarement Bourdaloue. On naît marmiton et gâte-sauce, et l'on devient cuisinier. C'est l'histoire de Vatel.

Or donc, nous vous dirons, si vous ne l'avez déjà deviné à un certain parfum de lèche-frite, que ces paroles latines ne sont point parfaitement sacrées ni textuellement extraites de Jérémie ou de la Genèse, mais bien une savante épigraphe tirée tout simplement d'une affiche de cuisine. La grammaire de Lhomond et le Cordon bleu se donnent parfois la main.

Sur cette pancarte qui chevauche couleur coquelicot, le long des murs consacrés à cet usage, il est écrit que la meilleure manière d'accommoder les mets est la manière bourgeoise; que l'on mange, à la susdite adresse, du *véritable* fricandeau et des légumes non gelés, à quatre sous le plat, et que, de plus, *on est servi sur nappe*. — *Venite et credetis*.

Cette précaution de propreté nous a rappelé qu'il existe dans Paris des restaurans sans nappe, où les serviettes sont une chimère, comme les filets de bœuf et les ris de veau.

Faites comme nous; jetez un regard à travers ces fenêtres entr'ouvert; observez en passant le grand déploiement de forces qui s'opère dans ce vaste et sombre laboratoire de la faim.

C'est l'appétit qui tient le comptoir sous l'emblème d'un homme puissant, orné d'un bonnet de soie qui fut noir et d'un tablier de toile qui fut blanc.

Pour arriver dans la fournaise du restaurant sans nappe, il faut descendre trois marches, nombre impair, nombre saint, qui porte bonheur aux estomacs en leur ouvrant les voies digestives.

Dans les restaurans sans nappe, les tables sont longues et solides; les sièges sont faits comme des bancs non rembourrés; il y a seulement un simulacre de toile cirée pour garantir les coudes. Les convives s'essuient la bouche avec leur mouchoir.

Le vin est ordinairement très rare dans un restaurant sans nappe; on n'en prend jamais, et celui qu'on y voit ne rappelle l'autre que par la couleur et la forme de la bouteille. Cristophe Colomb a rendu un énorme service aux restaurans sans nappe en découvrant l'Amérique: ils lui doivent le bois de campêche.

En revanche on y consomme force bière simple qu'on paie double. Les jours de fête on se permet le cidre, ce champagne de la basse classe et de la basse Normandie.

En général les ragoûts de ces sortes d'endroits sont copieux, lourds, massifs et filandreux. Il faut des palais de gendarmes, non enrhumés du cerveau, pour en pouvoir supporter les épices, et des intestins de contrebandier pour les digérer sans grimaces. Les estomacs débiles sont exclus des restaurans sans nappe. La faculté défend aux petites poitrines d'avaler des pierres.

Il y a aussi dans les restaurans de ce calibre, et cela de fondation immémoriale, du miroton de mouton aux pommes de terre tous les quinze jours.

La portion en est à la portée des plus minces économies. Chaque fois que la fourchette ne rencontre pas une pomme, elle a le bonheur de tomber sur un os. Les fourchettes sont en *métail d'arger*.

Quand on fait de la crème à la vanille dans les restaurans sans nappe, on en apprête pour le dimanche uniquement; et l'on se met à l'œuvre le samedi, attendu que le baquet dans lequel on la fouette a servi à couler la lessive pendant la semaine.

Si le hasard veut qu'on fasse cuire un roti dans les restaurans sans nappe, c'est toujours un porc entier. Le porc frais introduit en fraude et la compotte de pruneaux ont été inventés pour les restaurans où les nappes sont inconnues, où la civilisation n'est pas encore arrivée jusqu'au couteau à découper.

Il est un autre ornement qu'il serait injuste d'oublier dans notre inventaire; cet ornement fait partie du mobilier et se compose du chef de cuisine, du tourne broche, du garçon et de la fille de service.

La fille plume, le garçon sert, le tourne-broche a l'air de racler des salsifis, et le chef bat les omelettes avec un peigne. C'est Victor Hugo qui l'a dit dans sa *Cour-des-Miracles*.

Parlons un peu du garçon parce qu'il est celui de tous qui se trouve le plus en contact avec l'humanité souffrante des restaurans sans nappe. Outre cette habitude de la sensualité grossière, cette expérience de la bonne chère à dix-huit sous par tête, le garçon du restaurant possède mille agrémens de détail.

Il est riche de mots à double entente et de sourires graisseux, de facéties culinaires et d'affabilités gastronomiques. Il adore les soupirs de nonne d'Alcide Tousez. De plus, il est célibataire par nécessité et fluet par état, ce qui ne l'empêche pas d'agacer l'é-caillère du voisin en passant.

La multiplicité de ses évolutions l'a poussé dès son bas âge à haïr les bottes et à chausser l'escarpin sans rosette. Parfois il se permet la frisure au jasmin; toujours il affecte de montrer ses boutons en chrysocale et ses mains sales ornées d'une bague en cheveux.

De sa nature, il est vif, preste et alerte; il porte sans broncher une pyramide de purées aux croûtons, d'une main, et de l'autre trois raies au beurre noir, six haricots à l'anglaise et plusieurs langues sauce piquante.

Le garçon du restaurant sans nappe n'est pourtant pas un Her-cule; il pourrait tout au plus passer pour un acrobate.

Et dire qu'il se livre à ces exercices, à cette gymnastique quo-tidienne pour le boire et le manger! dans ces établissemens pu-blics on ne donne pas d'étrennes au garçon : c'est trop cher; et lui ne vous offre pas non plus de cure-dent : c'est trop mau-vais ton.

Piron, dînant chez une dame, laissa échapper quelques sarcas-mes.

— Vous êtes un cheval, lui dit cette dame.

Le poète se leva de table tenant sa serviette à la main.

— Où allez-vous donc? lui demanda-t-elle.

— A l'écurie.

— Vous n'avez pas besoin de serviette, répliqua la dame qui prenait sa revanche.

Si les restaurans dont nous parlons eussent existé du temps de Piron, sans doute qu'il aurait répondu : Je vais au restaurant sans nappe : car on assure que les boucheries qui leur fournissent les biftecks sont situées à Montfaucon.

Mais n'en disons pas trop de mal. Bien que la gourmandise s'arrête à la porte de ces établissemens, et quoique les friands, qui fréquentent le café de Paris n'y soient jamais entrés, ne fut-ce que pour voir ce qu'on y entend par une saucisse aux choux, le restau-rant sans nappe ne sera jamais dans la solitude.

Les ventres affamés l'assiègent en si grand nombre que cet em-pressement pousse l'observateur qui a bien dîné à de sérieuses ré-flexions. On serait tenté de croire que les cinq sixièmes de Paris vivent au restaurant sans nappe.

Le restaurant sans nappe est en effet la planche de salut des petites bourses et des larges appétits. *Venite et credetis.*

PARIS

XXVIII

LA REVUE DU ROI AU CHAMP-DE-MARS.

S'il est vrai que les jours de revue soient des jours néfastes pour l'immense majorité des soldats-citoyens; qui s'empressent d'y manquer assez généralement, il n'est pas moins vrai que ces mêmes jours de solennité militaire font la jubilation du vrai troupier, des gamins de Paris, des vivandières civiles et militaires, des marchands de coco, des bonnes d'enfans et des gardes nationaux de la banlieue. Ces jours-là la ville de Paris n'est plus habitable : malheur à celui qui est empêché de s'éloigner de la bruyante capitale ; à peine est-il sept heures du matin, qu'il est éveillé par l'horrible tintamare que font les tambours citoyens, sous le prétexte de battre le rappel ; il ne tient qu'à vous de supposer que les

émeutiers mettent la ville à feu et à sang, les émeutes étant beaucoup plus fréquentes que les revues. Bientôt passeront sous ses fenêtres les régimens de la garnison de Paris, ayant en tête leurs discordantes musiques auprès desquelles les symphonies de M. Berlioz sont d'agréables et langoureuses romances. Ensuite arrive la banlieue, avec des musiciens de louage et des tambours d'emprunt, jouant la Parisienne sur l'air de Malborough; enfin la garde nationale parisienne qui, si elle n'est pas nombreuse, en revanche arrive toujours trop tard.

Mais enfin, vous voici au Champ-de-Mars : les officiers supé

rieurs se font des visites réciproques ; les lieutenans fument des

cigarres et les soldats boivent des petits verres et embrassent les vivandières ou content des galanteries aux bonnes d'enfans et cuisinières dont ils font l'admiration. Je vous recommande surtout la banlieue, sous le rapport de la consommation de galanteries et de petits verres, et surtout de petits verres.

Mais voici le Roi qui s'avance à la tête de son brillant état-major : le tambour se fait entendre sur toute la ligne ; le soldat, tout à l'heure si facétieux et si folâtre, reprend toute sa dignité et tout son sérieux, et court aux armes de toutes parts. La revue commence. Quand le roi passe dans les rangs, le soldat grandit de six coudées au dessus du niveau de la mer ; mais voici le moment solennel du défilé... Ah ! qu'on est fier d'être Français quand on regarde défiler la ligne !... Chaque peloton ne semble plus qu'un seul homme levant une seule jambe, n'ayant qu'une seule tête, un seul fusil, une seule giberne, tant toutes les jambes, tous les fusils et toutes les gibernes sont à l'unisson. Les capitaines, à la tête de leur compagnie, se gonflent d'orgueil devant ce cortége royal. On crie *vive le Roi* ! On crie toujours, toujours *vive le Roi*, n'importe quel roi. Le gamin, qui suit le régiment de son affection, est dans tout l'épanouissement de la joie ; le tambour-major surtout excite son admiration. Mais voici venir la banlieue ; c'est ici qu'on n'est plus fier d'être Français. Pour mon compte, je connais peu de spectacle plus réjouissant que cette débandade organisée, que ce tohubohu que présente aux regards des curieux la banlieue dans ces jours de fête.

Je veux la faire défiler sous vos yeux.

Voici d'abord un échantillon de l'estimable corps des sapeurs, composé des bouchers et charcutiers de l'endroit :

Autre échantillon du corps de musique :

Ceci vous représente le colonel commandant la légion, cet esti mable uniforme cumule les fonctions de maire de sa commune, de membre du conseil général et de colonel commandant la garde nationale :

Ci-dessous le capitaine ; c'est un homme fort estimé, parce qu'il porte des lunettes vertes, et qui passe pour un homme fort aimable parce qu'il ressemble beaucoup à Odry :

Ci-joint l'estimable M. Badouillard; c'est un des hommes les plus soignés de sa compagnie :

M. Ricochet que voici se néglige un peu plus :

Le plus divertissant est assurément M. Tremplin; mais il arrive toujours trop tard, sous prétexte qu'il a les jambes trop petites :

Le gamin surtout en éprouve un désopillement indicible. Soyez convaincu que le gamin ne professe pour la banlieue un aussi étrange mépris que parce qu'il l'a vue défiler dans un état plus que prochain de l'ivresse ; le gamin n'admet pas la plaisanterie sous les armes. Un soldat qui manque l'exercice ou qui fait un faux pas est un homme perdu dans son estime : il l'appelle *Pékin*; mais il n'a pas encore trouvé d'épithète pour flétrir le banlieue discordant : il le méprise.

La revue est finie : le soldat rentre à la caserne manger sa double ration. Le garde national retourne dans ses foyers, son épouse sous le bras gauche et son bonnet à poil sous le bras droit : son domestique porte son fusil. La banlieue reste dans le cabarets, et le Roi aux Tuileries.

PARIS

LES MATELOTS PARISIENS.

LES MATELOTS PARISIENS.

Il est une chose avérée : c'est que le Parisien qui veut devenir matelot, fait ses premières armes à l'école de natation. Quand arrive le mois de juin, toutes les naïades de la Chaussée-d'Antin, tous les dauphins du noble faubourg, toutes les anguilles du quartier Saint-Antoine aiguisent leur coupe et s'apprêtent à piquer une tête. La génération actuelle est aquatique en diable ; les enfans en bas âge nagent comme des esturgeons.

L'école de natation est, de toutes les écoles, celle où le corps profite le plus. On y fume, on y boit de la bière et l'on ne s'y noie jamais. Des maîtres d'étude habiles sont là pour vous repêcher lorsque votre ardeur vous fait avaler la science du merlan à bouillons trop épais. Cette pêche s'opère sans hameçon.

Le costume et la libre franchise de l'âge d'or règnent à l'école de natation. Aux bains à quatre sous, dont la création remonte peut-être plus haut qu'Hérode, ce laisser-aller est encore plus sensible et plus apparent. Les baigneurs y sont soumis à l'égalité du caleçon ; les peignoirs fraternisent entre eux.

Grands et petits font la planche et le plongeon avec une dextérité inouïe ; commençans et doyens se cramponnent à la même planche de salut. Chacun est appelé à jouir de la communauté de la corde ; et si, ailleurs, les Parisiens ne parcourent pas la même échelle sociale, au moins prennent-ils tous à l'école de natation la même échelle de bois pour s'abreuver d'eau trouble. C'est là qu'est véritablement vraie cette pensée d'un philosophe vaudevilliste :
— L'eau coule pour tout le monde.

Au milieu de cette vaste baignoire flottante, qui s'appelle École de Natation, sont échelonnées des cellules en planches du sein desquelles sortent des fantômes blancs qui n'ont jamais fait peur à une jeune fille. Le respect pour les mœurs a prévu le danger du négligé de la piscine générale : il y a le bain des hommes et le bain des dames.

A l'école de natation pour les femmes on cite les hauts faits de plusieurs danseuses de l'Académie royale de Musique, toutes proclamées bachelières ès-parades. Deux romanciers maritimes sont les tritons les plus renommés du bain des hommes. Ces Neptunes jumeaux font l'admiration des amateurs. Grace à eux, la chronique liquide des bords de la Seine, ces bords fleuris où Mlle Deshoulières menait paître ses moutons, peut tous les étés enregistrer de nouveaux exploits. Thétis et la nymphe Égérie se couronnent alors d'algues fraîches et odorantes. L'école de natation se pavoise en l'honneur de ses dieux marins et les flots plus tièdes s'entrouvent en écumant sous les matelots parisiens qui plongent en chandelle.

L'élève de l'école de natation une fois passé maître, s'improvise marin sans boussole, matelot sans ancre d'espérance. Ses camarades et lui se font construire une chaloupe qu'il peignent en arc-en-ciel et qu'ils baptisent leur beau navire. Puis ils attendent que la saison leur permette d'appareiller, de mettre l'embarcation à flot, de hisser la voile et de se confier au courant du fleuve.

Le matelot parisien est assez souvent clerc d'avoué, commis d'agent de change, s'il n'est pas attaché à un ministère ou dans la nouveauté. En pareil cas, il appartient à son bureau et au patron

pendant la semaine. Le dimanche seulement il déserte la servitude de l'employé pour l'indépendance du matelot d'eau douce.

Le saint jour du Seigneur étant arrivé, le matelot parisien monte en coucou ; c'est lui qu'on voit quelquefois en lapin ou en singe sur la route de Sèvres et de Charenton. Il se rend en cet équipage sur le point qu'il a choisi pour ses distractions dominicales. Une maisonnette, bornée à gauche par un parterre de fleurs, et à droite par un jardin potager, l'attend les portes ouvertes. C'est là qu'est son arsenal, son chantier, son port maritime et le bonheur !

La barque est sortie du hangard ; elle nage à présent sur le perfide élément, elle se balance avec coquetterie. Son armateur lui a souri avec amour, en enlevant les toiles d'araignées qui ternissaient les couleurs de sa carène. Tout est prêt; il est temps de partir.

Le matelot s'embarque avec des provisions, car son voyage peut être de long cours. Ces provisions consistent en biscuits de Reims, en fromage à la crème et en eau-de-vie de Dantzick. Ses amis le secondent dans la manœuvre; comme lui ils sentent fort peu le goudron, mais ils embaument l'essence de Portugal. Nouveaux capitaines Marryatt, ils vont courir, à travers les nénuphars, à la découverte des grenouilles et des écrevisses. Au retour ils feront mettre les unes à la poulette, les autres au court bouillon.

En attendant, ils s'abandonnent au courant du fleuve et chantent des barcaroles. Si le calme plat les surprend, ils rament avec des gants pour se prémunir contre les ampoules; si un vent léger enfle la voile, celui qui dirige le gouvernail a soin, pour mieux éviter les récifs et les bancs de sable, d'appliquer sur son œil son joli lorgnon d'écaille. En cas de lassitude, ils se sont munis d'un jeu de carte pour faire une bouillote en pleine course; en cas d'averse ils ont eu soin d'emporter des ombrelles.

Regardez-les filer comme l'alcyon, ces intrépides argonautes! le roulis leur procure le mal de mer, la vague leur fait perdre la tramontane. L'aviron tombe des mains du pilote; le contre-maître se réconforte avec des spiritueux, et les mousses, représentés par des femmes, parlent déjà d'avaries, de catastrophes de toute espèce.

Mais que le calme reparaisse, les visages redeviennent sereins; l'équipage recommence ses chansons. Les matelots agitent en l'air leurs chapeaux cirés, les boutons de cuivre de leurs vestes scintillent au soleil; leurs pantalons de toile grossière se gonflent sous la bise. Les dames qui prennent part à l'expédition mettent la main à la rame, font pencher la chaloupe, et se livrent à des ébats, souvent très dangereux, pour retirer les filets qui ne rapportent du fond de l'eau qu'une vieille branche de saule ou les débris d'un battoir de blanchisseuse.

Lorsque la pêche n'a pas produit autre chose, on va rendre visite à un voisin par lequel on se laisse inviter à dîner, ou bien l'on court jouer une poule au billard du plus prochain village. Le ma-

telot parisien se console ainsi de ses déceptions aquatiques.

Maintenant que ce marin au petit pied a retouché le continent, il se soustrait à notre analyse et cesse d'appartenir au type méditerranéen que nous esquissons. Il redevient coulissier ou plumitif comme devant. Ce sont d'autres portraits à ébaucher.

Quant à vous qui tenez à vérifier l'exactitude de notre silhouette, Parisiens de la terre ferme, vous n'aurez pas loin à aller.

Entre le pont Royal et Saint-Cloud, vous verrez, en été, beaucoup de ces flotilles barriolées, avec leurs matelots bardés de ceintures rouges. Vous en verrez bien davantage du pont d'Austerlitz à Melun. La Seine et la Marne sont semées, dès les premiers beaux jours du printemps, de mille embarcations légères qui chavirent parfois sérieusement et procurent aux personnes qui les montent les émotions et le dénoûment d'un naufrage dans toutes les règles.

Bâillé sur la Chaussée

LE DÉGRAISSEUR.

Le philosophe Lasailly dit à ses disciples, lorsqu'il leur enseigne ses connaissances utiles : Enfans, gardez-vous de passer sur le trottoir du Pont-Neuf, sur les contr'allées du boulevart du Temple ou des Champs-Élysées, et surtout de poser aux barrières pour vous livrer à l'étude des saltimbanques de l'endroit, car il est probable que vous y serez appréhendé au collet par un impitoyable dégraisseur qui vous ôtera, bon gré mal gré, quelques maculatures qui peuvent souiller l'éclat de vos vêtemens. Le philosophe

ajoute : cela m'étant arrivé aussi quelquefois, mais plus rarement, sur le pont Royal, lorsque je me divertis à jeter dans la Seine des petits cailloux ou que j'admire les pêcheurs à la ligne qui embellissent les bords du fleuve.

Le philosophe Lasailly dit vrai : le dégraisseur n'est pas fainéant, il ne saurait rester un moment sans exercer son utile profession. Si le chaland ne se présente pas de lui-même, il le saisit d'une main graisseuse et de ses cinq doigts, lui fait au collet cinq superbes taches d'huile, il s'assure bien de son homme et lui dit avec la plus exquise politesse : mille pardons, mon cher monsieur, que je vous retire ces misérables taches; il ne vous en coûtera rien, mon cher monsieur, je veux seulement démontrer au public l'excellence de ma méthode. En vain le passant se débat, le dégraisseur est déjà en besogne : une pierre-ponce d'une main, de

l'autre une brosse imbibée de savon et de pas mal d'acide sulfurique, il enlève en un clin-d'œil les taches d'huile qu'il a faites et le plus souvent aussi, le drap de l'habit qu'il parfume d'essence de térébenthine. Il ne demande rien pour le dégraissage, mais il faut vingt sous pour un petit morceau de savon vert qu'il vous prie d'accepter.

Le dégraisseur est généralement âgé de quarante-cinq à cinquante ans; le plus souvent c'est un sauteur de corde retiré des sauts périlleux et des affaires scabreuses; voulant jouir d'une exis-

tence plus tranquille, il s'est voué au soulagement des inconvéniens de la vieillesse; il raccommode la vaisselle cassée, au moyen d'un mastic qui dure deux heures; il extirpe les cors, les dents et les taches. Il vend de l'eau de Cologne puisée à la fontaine des Innocens et légèrement acidulée de trois-six. C'est la providence des cuisinières et des tourlouroux. Vous le reconnaîtrez à son ex-

trème malpropreté. Il prétend, avec raison, que tous les corps niers ne sont pas chaussés; que les marchands de graisse d'ours pour faire pousser les cheveux sont tous chauves; que les tailleurs rachètent à leurs pratiques les habits usés pour s'en parer; que les médecins sont toujours malades, et que la vendeuse de Rachaou des Arabes pour engraisser est maigre comme la girafe. Chodruc-Duclos était auparavant son idole, il lui préfère aujourd'hui le poète Lasally ci-dessus nommé. Tous les tourlourous sont ses chers camarades; mais il professe une admiration profonde pour la vieille moustache; il la dégraisse gratis, à la condition que

plus charmantes agaceries pour le décider à user de ses précieux spécifiques; il ne faudrait pas avoir dix sous dans sa poche pour ne pas se faire remettre à neuf une veste usée, une casquette sur le retour, ou un gilet hors d'âge. Le paysan ne déteste pas le dégraisseur, et si pendant l'opération son mouchoir disparaît de sa poche, il accuse tout le monde excepté l'artiste généreux qui lui a enseigné le moyen d'avoir toujours des vestes propres et des poches vides. Assez ordinairement, le dégraisseur disparaît pendant quelques temps du théâtre de ses succès, pour reparaître à la septième chambre; mais, quelques mois après, il fait sa rentrée avec

la moustache paiera chopine; il la décrote au besoin et la fait resplendir comme une cuirasse au soleil. Malheur au paysan qui passe devant son établissement, nulle puissance humaine ne saurait l'empêcher de tomber dans les filets qu'il lui tend. Il sait trouver les

toute la sécurité du juste; il raconte à ses amis qu'il a fait un voyage aux eaux ou en Angleterre, dont il a rapporté une nouvelle pierre à détacher, supérieure à tout ce qui s'est vu jusqu'alors. Les premiers jours de ses rentrées sont toujours d'une agréable recette, mais bientôt l'indifférence du public le force à commettre une nouvelle légèreté: il disparaît pour bien long-temps, ou il épouse la veuve d'un contrebandier, et ils sollicitent une place de portier rue Mouffetard, ou ils se font logeurs barrière de la Chopinette.

C. J. Traviès.

LE CAFÉ EN PLEIN VENT.

Néron eut un jour la fantaisie de traiter en sybarite quelques-uns de ses amis, et à cet effet il fit étamer d'or une salle à manger où les rayons du soleil se croisaient en gerbes de feu. A ce festin royal, l'empereur se montra aussi grand que Jupiter, et dans les toasts que l'on eut soin de porter à sa santé, il fut plusieurs fois comparé au dieu Mars et à Plutus.

Qu'est-ce aujourd'hui que la magnificence de Néron? Une puérilité à la portée de la fortune de la plupart de nos dandys contemporains, un simple enfantillage de petite maîtresse. L'or, à présent, ruisselle de tous côtés; à voir ce qui brille, on serait tenté, plus que jamais, de mettre en doute la sagesse des nations qui assure que, tout ce qui reluit n'est pas or.

Paris n'est plus Paris, Rome n'est plus dans Rome; Paris est un lingot d'or, il étincelle sur toutes les coutures à l'instar d'un valet de grande maison; Paris est éblouissant comme un suisse dont la France serait la cathédrale immense.

Ceci n'est point une fiction, un rêve de notre imagination en travail; chaque demeure a les allures d'une châsse, chaque magasin s'est transformé en cassolette, tout comptoir est un tabernacle. Il n'y manque qu'une chose très essentielle; on la devine. Les demoiselles de boutiques peuvent être jolies comme des anges, mais elles sont rarement des vestales.

Que M. Scribe aurait mauvaise grace de venir nous dire maintenant que l'or est une chimère. Ainsi que de la muscade de Boileau, on en a mis partout. L'or passe par-dessus les bords de ce qu'on est convenu d'appeler cafés. L'industrie nous dore la chicorée, comme en tout on cherche à nous dorer la pilule; aussi quelle énormité dans les prix! les côtelettes à la soubise sont inabordables, les filets de chevreuil ne peuvent être regardés en face, les biftecks sont plus chers que s'ils étaient dorés sur tranche; un morceau de galantine se vend au poids de l'argent. Il faut bien payer la magnificence des établissemens, l'opulence des lambris, la richesse des lustres. Pour peu que cela continue, où irons-nous,

bon Dieu! *Les Mille et une Nuits* deviendront une réalité. Paris sera pire que le pays de cocagne.

Au lieu d'être macadamisées, les rues seront pavées de vrais diamans; on bâtira les trottoirs en émeraudes, et les rubis remplaceront les ardoises. Les fées des quatre parties du monde, feront élection de domicile dans la capitale de l'univers civilisé, et Citania tiendra hôtel garni dans la coupole du Panthéon. On mettra Paris dans un écrin de velours.

Il est difficile pourtant de pousser plus loin qu'on ne l'a fait, l'orientalisme et le prestige sur les murs des palais qui ferment les angles de nos principales rues. C'est à peine si déjà on ose y poser le pied; les profanes s'arrêtent presque sur les marches de ces sanctuaires. La purification du paillasson semble ne devoir point suffire à ceux qui se décident à fouler sous leurs pas le porphyre du parvis.

Supposons qu'on ait le courage de pousser l'épreuve jusqu'au bout, qu'arrivera-t-il? ce qui est arrivé à l'un de nos gourmets de bon ton, à l'un de nos élégans qui placent les deux tiers du bien vivre dans le bien manger.

Le déjeuner du visiteur avait été d'une délicatesse et d'une recherche extrêmes; Lucullus n'aurait pas mieux ordonné: Grimaud de la Reynière s'en serait mordu les pouces. Brillat-Savarin en dût tressaillir dans sa tombe.

— La carte payante, demanda le convive, en mâchant négligemment un curedent de plume et en secouant ses doigs parfumés de menthe dans la coupe de son lavabo azuré.

Le maître de la maison apporta très officieusement la stupéfiante addition. Elle aurait fait peur à Gargantua. Mais afin de mieux dissimuler le piège, l'amphytrion intéressé raconta fort adroitement, et en manière de phrase incidente, comme quoi des rats impitoyables dévoraient les ornemens précieux de son temple gastronomique.

— Je sais un bon moyen de vous en débarrasser, lui dit le déjeuner en tirant sa bourse de soie.

— Ah! monsieur! vous me rendrez un grand service, si vous me le communiquez.

— Rien n'est plus simple, continua le dandy écorché. Vous n'avez qu'à leur présenter une carte pareille à la mienne: le diable m'emporte s'ils y reviennent jamais.

Depuis, l'élégant ne remit plus les pieds dans ce palais doré où, sous le pseudonyme de rognons au vin de Champagne et de saumon en mayonnaise, on lui avait fait payer une corniche, un mascaron et une rosace ciselée.

Les cafés de Paris en sont venus à inspirer ainsi de la terreur du jour où sortant de leur spécialité, ils ont voulu donner des déjeuners à la fourchette. Que ne s'en tenaient-ils au chocolat à la crème, à la bavaroise et surtout au café. Le café à l'eau mériterait seul plus d'égards et de considération ; n'a-t-il pas tué sous lui la concurrence du café de pois chiches et de chataignes ?

En fait d'illustrations, le café les a toutes recueillis. Louis XV préparait lui-même sa demi-tasse à l'aide d'une cafetière en vermeil, dans laquelle madame de Pompadour versait l'eau bouillante. Ces détails domestiques plaisaient beaucoup au roi galant, puisqu'il s'était amusé déjà, alors qu'il était plus jeune, à faire des beignets à la cour avec mademoiselle Dumière.

La faiblesse que madame Dubarry professait pour cette boisson contribua puissamment à la faveur dont jouit le café ; il contrebalança presque un moment le pouvoir du cabinet de Versailles. Les satiriques, et les faiseurs de ballets chantans se gardèrent bien d'en médire. Le café devint l'hippocrène du Parnasse de cette époque. La renommée des beaux esprits du temps date de la fondation du café Procope.

Bien que cette liqueur dût être la propriété exclusive des femmes, par cette raison qu'elle agit excessivement sur leur système nerveux, les hommes les plus spirituels du dix-huitième siècle ont été les plus grands amateurs de café. Voltaire, Fontenelle, Jacques Delille en usaient tous les jours. Leurs biographes ont oublié de nous dire combien de fois ils en prenaient.

Quelqu'un s'étant avisé d'avancer ce paradoxe devant Fontenelle : le café est un poison ; oui, répondit le vieillard ; mais c'est un poison bien lent, car voilà cent ans que j'en bois. C'était aussi l'avis de l'auteur du dictionnaire philosophique et du traducteur de Virgile.

Certains savans supposent que le fameux népenthès d'Homère, offert dans un repas par la belle Hélène à Télémaque, n'était autre chose qu'une infusion de café. Voilà qui commence à élever bien haut les branches de son arbre généalogique. Nous lisons en outre dans la Bible, qu'Abigaïl, épouse de Nabal, et dix jours après, celle de David, lui présenta deux cents pains de gruau, deux outres pleines de vin de Noé, cinq moutons d'Arabie, des raisins secs de Corinthe, et cinq mesures de kali. Ce kali était du café.

De tels argumens prouvent que l'emploi du café était connu dès la naissance du monde. Les musulmans assurent que l'ange Gabriel vint le révéler à Mahomet.

De tous ces millions d'estomacs qui savourent chaque matin leur café à la crème, il en est peu qui sachent que Nieuhoff, ambassadeur en Chine, mit en usage le café au lait ; il n'en est aucun qui se doute qu'en 1669, lorsqu'à Paris on commença à goûter cette boisson, la livre de café se vendait jusqu'à quarante écus ! On se souvient à peine que ce furent des Hollandais qui, en 1713, présentèrent le premier pied de cet arbre à Louis XIV.

Mais qu'importe au café l'ingratitude des hommes ! Des trois poisons calomniés : le café, l'opium et les femmes, c'est celui qui s'environne d'une gloire plus ancienne et doit compter sur un avenir plus durable. Les femmes font éclore les poètes, le café nous les forme, et l'opium les endort. Demandez aux orientaux qui le dégustent bouillant dans des tasses de cuir, à qui nous devons ces contes éblouissans de leur pays.

Il est donc fâcheux pour madame de Sévigné, que sa prédiction à l'endroit du café ne se soit pas accompli. Madame de Sévigné n'entendait rien à l'art de la Voisin et de mademoiselle Lenormand; malgré son horoscope, et malgré les efforts de nos cafetiers modernes, ni Racine ni le café ne passeront de mode.

N. B. Quand il n'y aura plus une seule larme de café dans les palais dorés de Paris, vous en trouverez, tous les matins, sous les piliers des Halles et à l'entrée du pont au Change à deux sous et quatre sous la tasse, pain et sucre compris. Les cochers du quai de la Mégisserie et les jardinières du marché aux fleurs veilleront toujours à la conservation du café en plein vent.

Nouvelle), auteurs, acteurs, musiciens, se réunissent dans un espace de six pieds de large sur huit de long ; or, Lepeintre jeune remplissant le foyer à lui tout seul, on devine la facilité avec la-

de musiciens, de machinistes, de chevaux, d'écuyers, de danseurs

quelle les acteurs circulent. Du reste, on dépense là plus d'esprit et de gaîté que dans les deux foyers de l'Opéra réunis ; Arnal, Mᵐᵉ Guillemain, Lepeintre, Duvert, Varin, Langlé, ces représentans du talent et de la verve, provoquent souvent un rire qu'on pourrait prendre pour l'écho de la salle. Les Variétés, le Palais-Royal ont aussi leurs joyeux habitués : Odry, Vernet, Alcide Tousez ne sont pas moins applaudis par leurs amis que par le public. Quant au Gymnase, c'est un désert. Les foyers des théâtres du boulevard sont d'une nature toute différente : huit ou dix mélodramaturges au milieu d'une cohue de tyrans, de criminels, de

de corde, de bêtes de toutes espèces. Voilà l'ensemble des théâ-

tres, depuis la Porte Saint-Martin jusqu'au boulevard du Temple ; c'est tout un monde dramatique, un Paris théâtral dont le faubourg Saint-Honoré est au Théâtre-Français, et la Courtille aux Funambules.

pères vertueux, de victimes innocentes, un pêle-mêle de choristes,

La peinture, encore plus que tous les autres arts, a besoin d'appui, d'encouragement et surtout de modèles parfaits. Ce n'est pas dans un atelier orné d'ébauches, de mains de plâtre, d'un poêle qui fume et de mannequins que tout cela se rencontre. Ce n'est pas

dans ces bruyantes arènes où l'on a le faire du professeur pour seul guide et où le premier mérite est une obéissance passive, que l'on peut s'abandonner à ce mystérieux instinct, à ce sentiment secret qui vous pousse vers telle ou telle école.

Cette liberté féconde dont le ciel a fait la condition principale de l'existence de l'artiste voué, dès sa jeunesse à la religion de la peinture, ne saurait prendre son essor que dans un centre où sont réunis les échantillons de chaque époque, et étendre ses ailes qu'au milieu du foyer où se déroulent les chefs-d'œuvre des meilleurs maîtres de tous les pays.

C'est pour cela que quelques gouvernemens se sont senti assez de sagesse pour ouvrir leurs musées à tous les élèves, leurs galeries de tableaux à toutes les palettes ; voilà pourquoi notre Louvre et notre Luxembourg sont les deux sanctuaires où chacun est libre de venir puiser des inspirations, prendre des copies et mûrir sa vocation irrésistible à la chaleur de ces génies qui ont éclairé leur siècle.

Quel est le peintre, si habile, si réputé qu'il soit, qui oserait se flatter d'en enseigner autant que l'aspect d'une chàsse de Rubens, d'un apocalypse de Raphaël, ou d'une noce de Cana par le Dominicain? Le dessin, la correction des lignes s'apprennent avec un coup d'œil juste et une main sûre ; le mécanisme des couleurs a encore ses règles établies ; mais les effets de lumière, les accidens de terrain, la combinaison des tons, la sensibilité des physionomies ne sont que le produit d'une inspiration réelle et le résultat d'observations faites en présence de la nature même et devant les œuvres de ceux qui l'ont rendue avec le plus de bonheur, d'ame et de poésie.

Cette nécessité d'indépendance est chose tellement comprise que nos musées ne cessent d'être animés qu'à l'apparition des menuisiers qui s'en emparent pour dresser les échafaudages des expositions publiques. Les fabricans de gentillesses à la plume, les faiseurs de pastels s'y portent les jours d'étude, comme partout ailleurs. Mais le rapin laborieux, le peintre né, la célébrité future ne sont pas les plus rares à l'assaut. Seïdes de Murillo, partisans d'Ostade, appréciateurs de Wouvermans, imitateurs de Poussin et de nos autres grands prêtres de cette belle muse antique, tous sont ardens au travail, tous profitent des leçons muettes qui leur sont données par ces professeurs admirables dont la renommée est un si puissant aiguillon.

Le peintre qui se rend au musée, son carton sous le bras, sa

boite à la main, ne cède qu'à son propre mouvement ; il n'écoute d'autre impulsion que la sienne ; il choisit le modèle qu'il préfère ; il ne reçoit que de lui les conseils qui dirigent ses pinceaux.

Un atelier est au contraire un théâtre où la caricature se faufile, où la charge fait ses farces. Au musée, pendant les jours d'étude, on ne voit aucune de ces plaisanteries qui se taisent à l'approche du maître et reprennent leur cours aussitôt qu'il a terminé la visite de sa classe. Nous ne prétendons pas dire que ces écoles sont des lieux de désœuvrement et qu'il n'en est jamais sorti des hommes d'un mérite prononcé. Nous nous tromperions nous-mêmes. Mais si, malgré ces distractions, ces tours d'élèves qui font l'école buissonnière, le talent de quelques-uns a produit des fruits remarquables, c'est que ce talent n'a pas négligé la fréquentation des musées, et qu'en venant s'y recueillir aux heures consacrées, il a su mener de front ses plaisirs et son avenir.

Le musée, les jours d'étude, continue d'être le musée des visiteurs. Les promeneurs y voient les deux sexes côte à côte, et s'aperçoivent, non sans surprise, que les demoiselles qui étudient le paysage ne s'effarouchent pas du voisinage d'un artiste qui copie un sujet d'histoire.

Le chapeau de paille de ces demoiselles est presque toujours passé en bandoullière au bras de leur chevalet. Il laisse ainsi leur tête à découvert et en fait le point de mire de mille œillades indiscrètes. Elles, actives et préoccupées, travaillent debout, la hanche découverte ou protégée par les plis de leur mantille, le pied en avant et le regard oblique.

Leur mère que la morale a postée à gauche, précisément du côté du cœur de la jeune fille, feignent de lire un roman et surveillent en dessous les hésitations de la brosse et les tâtonnemens du carmin. Si le talent vient à manquer, il faut au moins que leur vertu ne puisse faillir. A défaut de l'un elles tiennent à garantir l'autre à leur gendre.

— Après tout, se dit quelquefois la vénérable femme, ce monsieur qui porte un chapeau très pointu par-dessus des cheveux en saule pleureur. et qui regarde si attentivement ma fille, ce monsieur la trouve jolie, et c'est peut-être pour la placer dans un tableau de vierge qu'il épie de la sorte ses moindres mouvemens, les ondulations de son cou et la cambrure de ses reins.

En effet, la demoiselle qui étudie au musée à un certain je ne sais quoi fait pour plaire aux artistes, et celui qui l'examine de si près convoite moins en elle le copiste qui deviendra peintre sur porcelaine que la femme aux contours purs et harmonieux.

Il y a certains peintres que l'élévation de leurs modèles con-

damne à grimper sur des tréteaux à roulettes. Ceux-là sont à l'abri de tout soupçon d'intelligence, et hors de porté des figures agaçantes. Les mères, aussi, dorment tranquilles sur leur compte et ne redoutent pas leur galbe séducteur.

Ce qui préoccupe le plus leur solicitude chatouilleuse ce sont les nudités ; leur expérience maternelle, sachant très bien comment l'esprit vient aux filles, invente des précautions infinies pour éviter la vue de ces objets qui blessent leurs convenances. Elles s'attachent autant que possible à vanter les draperies et les paysages, afin d'inspirer à leur enfant le goût des œuvres décentes et modestes. Si le péril est inévitable, elles accrochent leur cabas de telle façon que l'Antinoüs impudique a le buste masqué par ce meuble tout à la fois garde manger portatif, bibliothèque et chiffonnière.

Les quolibets des rapins qui s'arrêtent au passage ne les épargnent pas alors ; ils plaisantent la mère et la fille en sournois qu'ils sont, et fort peu soucieux du débraillé de leur toilette, ils allongent le nez sur la copie pour s'assurer si le cabas s'harmonise bien avec le reste de l'accoutrement du prétendant de Pénélope.

Mais laissez faire, ces petits drôles emportent dans leur album des esquisses qui les prépareront à produire un jour de grandes choses !

PARIS

LES CHIFFONNIERS.
28

Édité par le Charivari.

16 rue du Croissant.

LES CHIFFONNIERS.

L'existence du chiffonnier est un mystère qu'il n'est pas donné à tous de pénétrer. Que si nous étions un de ces Labruyère sans conscience, comme il en fourmille aujourd'hui, nous vous dépeindrions un chiffonnier de fantaisie, impossible partout ailleurs que dans les rêves vaporeux de notre imagination fantastique. Mais loin de là, nous avons voulu voir, avant d'écrire. Or, voilà ce que nous avons vu.

Le chiffonnier a une prédilection marquée pour les rues tortueuses de la Cité, et pour les impasses marécageux du faubourg Saint-Marceau ; c'est là qu'il établit son domicile politique. Son appartement se compose d'une chambre de six pieds carrés, où sont entassés à grand'peine un lit, une table et une chaise ; le reste de la pièce est envahi par des montagnes de chiffons adossés à la muraille, ce qui forme une tapisserie d'ossemens, de vieux papiers et de vieilles loques, d'un effet remarquable. Du reste, si le chiffonnier possède un appartement, c'est bien plutôt à titre de magasin qu'à titre de domicile ; et, de fait, il ne serait pas facile de dire à quel moment on l'y trouve. Son véritable domicile c'est la rue ; matin, soir ou après-midi, peu importe l'heure, vous le rencontrerez, sa hotte sur le dos et son crochet sur l'épaule.

Le chiffonnier déjeûne, dîne et soupe au restaurant. Non loin de la Halle, et quelque part comme aux alentours de la rue du Contrat-Social, il est une maison où l'on donne à boire et à manger, mais d'une façon tellement peu ordinaire qu'elle mérite d'être racontée. Vous entrez dans une salle basse, humide et voûtée, meublée d'une table circulaire ; autour de cette table se pressent une trentaine de convives qui se disposent à prendre leur pâture. C'est en vain que vous regardez de tous vos yeux, vous n'apercevrez ni couteaux, ni serviettes, ni assiettes, rien, en un mot, de ce qui constitue les apprêts d'un dîner. La serviette est abolie comme chose de luxe ; le couteau est supprimé comme arme dangereuse ; quant aux assiettes, elles sont remplacées par un ingénieux système, qui consiste à placer chaque convive devant un large trou pratiqué dans l'épaisseur de la table.

Voilà encore une de ces industries qui ne se rencontrent qu'à Paris, ce centre obscur et lumineux, splendide et lugubre, majestueux et effroyable, où grouillent et vivent toute sorte de mé-tiers indéfinissables, qu'on serait même tenté de croire impossibles si on ne les coudoyait à chaque minute par les rues, vêtus de haillons et la pipe à la bouche.

Où donc trouver ailleurs qu'à Paris, capitale du monde civilisé, pour nous servir du langage des géographes :

L'éleveur de hannetons, industriel estimable, Van-Amburgh en raccourci, lequel a trouvé moyen de dompter les animaux plus féroces qu'on ne pense communément, car ils ont le meurtre d'un sous-préfet sur la conscience ;

Le baigneur de chiens, véritable providence du bourgeois dont il décrasse le caniche, moyennant une récompense honnête ;

L'ouvreur de voitures dont la spécialité consiste à déployer le marche-pied des fiacres ou citadines, et à préserver les pans de votre habit de tout contact avec les roues ; on peut le définir le valet de pied des gens qui n'en ont pas ;

L'écrasé, le même qui a l'heureuse adresse de se faire renverser par un tilbury quelconque, et à qui ce métier dangereux rapporte de quinze à vingt mille francs de dommages-intérêts par année ;

Le cicérone, chargé de faire connaître aux étrangers les merveilles de la grande capitale et qui leur présente l'Obélisque sous le pseudonyme de colonne Vendôme, et les conduit dans les jardins du Palais-Bourbon, sous prétexte de les mener au Jardin-des-Plantes ;

L'employé aux trognons de pommes, visible aux quatrièmes gaeries des petits théâtres du boulevart, et dont le nom résume suffisamment les fonctions sociales ;

Le chatouilleur, variété raffinée du genre claqueur, chargé de mettre en relief, par ses éclats de rire, les calembourgs du premier comique et de faire saillir les situations drôlatiques de l'ouvrage.

Et tant d'autres encore, tant d'autres dont le catalogue serait interminable et fastidieux, autant qu'une tragédie classique, et parmi lesquels le chiffonnier brille au premier rang.

A notre époque, où tous les types particuliers tendent à se confondre dans un type général, où toutes les physionomies pittoresques viennent se noyer dans un moule commun, le chiffonnier a du moins le mérite d'être resté *lui*, en dépit de la civilisation et de ses progrès incessans. Ce sont toujours les mêmes haillons, le même crochet et la même lanterne ; — et toujours aussi la même hotte, cette hotte où s'enfouissent journellement ces mille choses sans nom, sa fortune et qui sont l'écume des pavés de Paris.

Le chiffonnier est de noble race ; parmi ses ancêtres figure Diogène, le philosophe au tonneau ; et maintenant encore, il est tel membre de cette corporation respectable qu'on se rappelle avoir vu figurer au nombre des merveilleux du boulevart de Gand. Il en est un surtout, bien connu des flâneurs parisiens, dont l'histoire est un roman, ce qui n'empêche pas que son roman ne soit une histoire.

C'était un beau jeune homme, riche, bien né, et, qui plus est, spirituel. A ses momens perdus, il composait des vaudevilles ; et soit qu'il eût beaucoup de momens à perdre, soit que la vaude-villomanie fût passée chez lui à l'état chronique, toujours est-il qu'il en composait en grand nombre.

Sur ces entrefaites, il s'éprit violemment d'une actrice en grande vogue dans ce temps-là. Il lui offrit son cœur, et l'on refusa son cœur ; il offrit de l'or, et l'on refusa son or : bref, il en vint à offrir sa main, mais le résultat fut le même.

Trois mois après, l'actrice épousait le souffleur de son théâtre, véritable Caliban, borgne, chassieux, aimant le vin et rossant les femmes. Le jour même, notre vaudevilliste se fit chiffonnier, et dit, à qui veut l'entendre, qu'il n'a jamais été plus heureux.

Jugez du menu par ces détails !

Le jour où, plus téméraire que Colomb, je me suis aventuré dans ce bouge, je vis servir une soupe-monstre, assaisonnée, en fait de légumes, d'une énorme savatte. A cette vue d'énergiques réclamations s'élevèrent de tous les côtés.

Attirée par le bruit, l'Hébé de cet Olympe se fit mettre au courant des griefs de ses pensionnaires, et leur dit en haussant les épaules :

— Pauvres chers amours, faites donc les dégoûtés, je vous le conseille !

Alors l'orateur de la bande s'étant levé, répondit ces paroles mémorables :

— Eh! pardieu, nous savons bien que ça n'est pas sale ; mais ça tient de la place.

Après un certain temps d'exercice, le chiffonnier prend femme, devient père de famille, achète un fonds quelconque, arrondit ses affaires et meurt tant soit peu électeur, juré et caporal de la garde nationale. — Sa veuve éplorée continue son commerce.

L'ANTICHAMBRE D'UNE GRANDE MAISON.

Défiez-vous des proverbes : ils ne disent jamais que la moitié de la vérité, quand ils ne mentent pas tout-à-fait. Celui-ci : « *Tel maître, tel valet* » est dans le premier de ces deux cas. Il n'est pas exact de prétendre que le valet se calque sur son maître : il va plus loin, il l'exagère, et au besoin, il lui donnerait le ton. Quelle que soit la morgue d'un riche parvenu, soyez certain que son valet est passé maître en fait d'insolence.

L'antichambre d'une grande maison est la salle du trône pour messieurs les laquais ; c'est là qu'ils posent, s'étalent et se dilatent sur leurs siéges pendant que les habitans du salon se contentent de s'asseoir entre les bras d'un fauteuil ou les coussins d'une ottomane.

Mais c'est surtout en l'absence des maîtres que la valetaille brille le tout son lustre, affiche toute son importance et se considère comme chez soi. Voyez la collection au grand complet : Lafleur et Crispin se livrent, sur leur banquette bien rembourrée, au charme d'un sommeil infiniment prolongé : de quoi s'avise-t-on,

aussi, de les faire lever avant neuf heures pour les besoins du service? les maîtres sont bien ridicules et ne méritent pas des serviteurs aussi distingués.

Ce gros monsieur dont l'abdomen est contenu, non sans peine, par la haie de boutons dorés qui clot hermétiquement son gilet rouge, se donne l'air d'être absorbé par la lecture d'un *premier-Paris*, c'est tout au plus s'il daigne tenir son journal du bout d'une main ; l'autre est occupée à tourmenter, dans la poche de sa culotte courte, quelques pièces de cinq francs dont le son argentin inspire le respect aux visiteurs. Aux ailes de pigeon postiches qui voltigent en flots poudrés au dessus de ses larges oreilles, l'ampleur de ses épaules et de ses mollets qu'emprisonnent des bas d'une entière blancheur, à cette figure à la fois grave, épanouie et rubiconde qui caractérise l'homme haut placé et habitué au commandement, on reconnaît l'intendant suprême des équipages de monseigneur, le fonctionnaire éminent qu'on nomme vulgairement cocher.

On respire en ce lieu un parfum d'aristocratie qui monte à la tête même des animaux domestiques. Si le père du proverbe ci-dessus contrôlé a eu à moitié raison de dire : « Tel maître, tel valet, » il eût été bien mieux fondé à ajouter : « Tel valet, tel chien. » Les animaux sont ce qu'on les fait ; les hommes se font eux-mêmes ; à qui donner la préférence?... Mais ce n'est pas la question. Nous disions que les quadrupèdes civilisés se forment à l'école des laquais ; rien n'est plus vrai. Entre un caniche de maison bourgeoise et un lévrier de grande maison, il y a la même différence qu'entre un valet d'auberge et un valet de chambre : le premier est humble, soumis, discret, il vient quand on l'appelle, et sort quand on le congédie ; l'autre est arrière-cousin du compagnon de Jean de Nivelle : il fait la sourde oreille quand on lui parle, et se couche lorsqu'on lui indique la porte. Il n'est pas jusqu'au petit chien de madame — quand monsieur tolère le petit chien — (il y a des maris qui aiment mieux ce rival qu'un autre, cela dépend des goûts); il n'est pas, disions-nous, jusqu'au petit chien qui ne s'imprègne de la couleur locale, et ne se montre hargneux et insolent à l'encontre des visiteurs.

Malheur au pauvre solliciteur qui vient présenter à monsieur

une lettre de recommandation de la part d'un parent éloigné! Un grand coquin de chasseur, habillé de vert et galonné des pieds à

la tête, se redressera de toute sa hauteur, et fier comme un officier, à qui il ressemble par la brette, et, profanation! par les
épaulettes, il toisera du regard le provincial, lui fera décliner ses
noms, prénoms et qualités, s'enquerra de l'objet de sa missive,
l'appellera « *mon ami!* » et après s'être repu de coups de chapeau et de courbettes, auxquels il répondra par la moitié d'un petit salut protecteur, il lèvera l'audience en lui disant : « Je suis
désolé, mon cher, mais, parole d'honneur! nous sommes tellement
occupés que nous n'avons pas une minute pour songer à vous. »
Puis, il fermera la porte sur le visiteur ébahi, en refusant sa missive, qui ne lui servirait à rien, ainsi qu'il a eu soin de l'en
avertir.

Le chasseur est l'Adonis de la bande, de même que le cocher
en est le père noble. Bien qu'ils n'aient pas l'oreille du maître,
comme le valet de chambre ou le petit groom de madame, c'est

à leur protection que les fournisseurs en appellent, parce qu'ils
sont plus en évidence par la nature de leurs fonctions, et passent
conséquemment pour les plus influens. C'est l'habitude de juger
de la position des gens sur l'apparence; on se trompe quelquefois,

mais ce n'est pas eux qui signalent l'erreur quand elle tourne au
profit de leur vanité. Le tailleur, le bottier, le chapelier circon-
viennent ces deux puissances et les comblent de politesses toute
l'année et de cadeaux au jour de l'an, en les priant de leur conserver la confiance de la maison. Il arrive souvent que, non contens de ces hommages peu lucratifs, monsieur le chasseur et monsieur le cocher prélèvent, à titre de pots-de-vin, des brodequins
pour leurs maîtresses, des manteaux pour leurs femmes et des casquettes de loutre pour leur petit dernier, quand ils ont celui d'ê-
tre pères.

Les destins et les flots sont changeans, a dit un poète; *la Fortune est inconstante,* ont dit cent prosateurs qui n'ont jamais
réussi à la saisir, bien loin de la fixer. On a vu des maîtres de grandes maisons se ruiner pour une danseuse, ou engloutir leurs millions dans des mines de charbons d'où leurs espérances s'en allaient
en fumée. Les laquais ne sont pas exposés à ces sortes de revers ;
s'ils se déplacent, ce n'est que pour monter. Les maîtres passent
quelquefois du salon dans l'antichambre : les valets s'élèvent plus
souvent encore de l'antichambre au salon. Ce n'est qu'alors qu'ils
sont exposés à rencontrer plus insolent qu'eux, à moins qu'ils ne

prennent le parti de se servir eux-mêmes.

UN BAL COSTUMÉ.

Babin est la ressource des bals costumés qu'on donne aux quatre points cardinaux de Paris. Babin loue des hauts-de-chausses à ceux qui n'en ont pas, prête sur gage des habits d'académiciens pour les mascarades de l'Institut, et confie les perruques de la Comédie-Française aux parties de dominos. Ses magasins de costumes sont un abrégé du monde ; ses ateliers, des laboratoires à métamorphoses. D'un idiot, Babin fait un génie, et d'une robuste écaillère une Vénus Callipige.

Tandis que Paris s'occupe des apprêts de ses bals costumés, Babin se surprend souvent seul et gravement assis entre ses mamelucks désossés et ses polichinelles farcis de foin. Il s'imagine être dans de vastes caveaux, sous des galeries peuplées de momies dont les deux extrémités sont absentes, à moins qu'elles ne soient représentées par des loups en cire ou des masques en carton.

Il est de fait que ses yeux doivent se fixer quelquefois sur le manteau de Bazile, ployé dans un tambour de basque, sur la couronne d'un roi passée dans la flèche d'un lit, et sur les lunettes de M. Denis, logées dans l'escarcelle de Louis XI. Sans les bruits divers qui montent de la rue, le costumier Babin se serait cru maintes fois le dernier homme planant au dessus des débris d'un cataclisme universel. De son propre aveu, il avait pris, dans ces momens où ses idées s'assombrissent, le rauque cornet des tricycles pour la trompette du jugement dernier. Le repos du célèbre costumier de la rue de Richelieu n'est plus troublé depuis que les omnibus ont cessé de jouer du cornet à piston.

Aussitôt que le gaz s'allume, la demeure de Babin semble se caméléoniser ; Babin lui-même change de face et de couleur. De cimetière qu'était sa maison le matin, elle devient le soir hôtel de ministre, cour de souverain, séjour de fée. Armide accourt placet en main ; Tamerlan a les poches pleines de suppliques ; la bouche du torréador est embarrassée de demandes ; Stradella se présente les bras chargés de pétitions. Le bal costumé se met en frais ; les salons se transforment en salles de danse ; le carnaval est un despote qui valserait dans une alcôve, à la clarté d'un bougeoir. Pourvu qu'il gambade, cela lui suffit.

Par un de ces penchans naturels à l'homme, chacun choisit le costume qui convient le moins à son caractère, et vole après cela aux soirées travesties, aux médianoches parés et masqués. Un singe ne se fait pas scrupule de tourbillonner dans une tarentelle et de débiter des fadeurs en prenant une glace à la vanille ; Triboulet prêche des maximes sérieuses pendant un galop qui secoue les grelots de sa marotte ; le Grec mime un pas anglais ; la Folie saute avec un docteur ; le templier boit de l'orgeat ; le Polonais demande un pantalon à l'orchestre qui estropie la poule ; Pierrot éborgne un Chinois avec ses longues manches, et le capucin emmène une laitière manger des gâteaux de Nanterre et boire du cidre d'Isigny.

Les architectes de Paris ne soupçonnent pas combien on les maudit pendant le carnaval, pour avoir le tort de faire des petits salons et de grandes chambres à coucher. Ce vice dans les constructions, entraîne des embarras incalculables à l'approche des bals costumés. Supposons que nous soyons invités à l'une de ces fêtes d'artistes, où chaque convié apporte, sinon son plat, au moins sa part de talent, de bon vouloir et de gaîté.

Le piano a pris la place du lit ; le cabinet de toilette s'est changé en vestiaire ; dans l'antichambre, il y a tout juste l'espace nécessaire au buffet, et les personnes qui passent sous le lustre sont obligées de baisser la tête, s'ils ne veulent roussir les plumes de leur toque. On est les uns sur les autres, mais on ne s'en amuse que davantage.

Cette superbe princesse dont les cheveux noirs ont des reflets pareils à ceux des ailes d'un corbeau, exécute à première vue les quadrilles de Strauss ; ce beau page au pourpoint d'argent fait chanter sa flûte comme un rossignol, et pendant ce concert, les houris sautillent, les majos regardent, les complimens se multiplient, les aveux se formulent, les mains se serrent, les tailles s'assouplissent, et l'on se divertit en dépensant sa vie en petit comité, au cinquième au dessus de l'entresol, car il y a de coquets appartemens à cette élévation. Le balcon qui en dépend peut se tapisser de tentures et se convertir en galerie où l'on respire un air moins chargé de senteurs que celui qui circule dans le bal.

Quelques uns des danseurs ayant fourni leur contingent des domestiques, le service des rafraîchissemens se fait avec ordre, la manœuvre des petits-fours s'opère avec dignité et convenance. Aux cavaliers le punch, le sandwich, le bichoff et le solilem ; pour les dames, il y a les limonades, les plombières, le riz au gras et les biscuits soufflés.

Un changement à vue s'accomplit à l'heure du souper. La table est ovale et ne peut contenir que quinze couverts. Le festin s'ouvre par les femmes d'abord, sans que la danse discontinue pour cela. Les messieurs sont les Ganymèdes de toutes ces délicieuses déesses, pour qui le vin de Champagne est le véritable nectar et qui troqueraient l'ambroisie contre un blanc-manger ou une aile de faisan. D'autres syrènes succèdent à celles-ci jusqu'à ce que le tour des dieux arrive. C'est alors qu'il faut fermer les portes et souper à huis-clos. L'esprit qu'on a à la pointe de la fourchette est si effronté, si audacieux ! On était déjà gris avant de se mettre à table ; que sera-ce donc quand on aura décoiffé les flacons dédaignés par les princesses Négroni de ce brillant réveillon !

Rentrons dans le bal à présent. L'or couvre le tapis de l'écarté ; les paris s'échauffent. On gagne sans réflexion. On perd en riant aux éclats ; les danseuses poussent des exclamations à chaque brelan d'as ; on effeuille les bouquets ; on souffle les bougies ; les dames sont moins cruelles, moins collet-montés ; la plaisanterie à double tranchant est la monnaie courante. Lucrèce réclame le punch au kirsch, et Mazaniello offre une cigarette. Voilà le bal costumé, le bal d'artistes tel qu'il a été et tel qu'il sera tant qu'il y aura à Paris des jeunes gens, des jolies femmes, des pianos et un carnaval.

Au moment du départ, combien de cœurs se sont entendus et compris ! Combien de mémoires ont oublié le numéro de leur demeure ! combien de célibataires la veille se trouvent maris-garçons au point du jour ! Les fiacres sont en bas : il faut se retirer. Où est le vestiaire ?

Quelle confusion parmi les manteaux ! Les soques se permettent des mésalliances ; des bolivards remplacent des claques ; une canne fait l'intérim d'un parapluie ; une danseuse venue avec un boa s'en va avec un tartan ; le danseur qui avait un crispin ne retrouve plus qu'un carrick.

Ces délicieuses substitutions sont le complément indispensable de ces réunions carnavalesques, qui donnent à Paris l'aspect de Venise et peuplent ses salons de sybarites et de bacchantes dont le jour est un roman, la nuit un rêve et l'existence une vallée de fleurs.

lith. de J. Caboche & Cⁱᵉ

XXXVII

UNE SOIRÉE DU QUARTIER LATIN.

[La scène se passe rue Saint-Jacques, au cinquième. Manuel et Palmyre vont et viennent par la chambre avec l'air affairé de ceux maîtres de maison qui se disposent à recevoir].

MANUEL. Tout est-il prêt?

PALMYRE. Tout.

MANUEL. Le sucre est acheté?

PALMYRE. C'est fait.

MANUEL. Et le rhum?

PALMYRE. Le voilà.

MANUEL. Alors, vive la joie! et enfoncé Duranton!

PALMYRE. Pour quelle heure les invitations sont-elles faites?

MANUEL. Huit heures précises. C'est encore vingt minutes d'attente.

PALMYRE. Ah! ça, tu as donc dévalisé la banque de France ou bien tu as perdu plusieurs oncles d'Amérique?

MANUEL. Ninyre, je ne m'explique pas le but de votre question, mon ange?

PALMYRE. Pourtant c'est bien simple.

MANUEL. Je donne ma langue à Médor.

PALMYRE. Comment tu ne comprends pas ma surprise!

MANUEL. Non; non; cent fois non.

PALMYRE. Tu n'es donc plus ce Manuel que je connaissais hier encore l'étudiant le plus débineux des écoles?

MANUEL. Au contraire.

PALMYRE. Ta position sociale ne s'est pas améliorée?

MANUEL. Non que je sache.

PALMYRE. Alors à quel propos donnez-vous une soirée et qui en paiera les frais?

MANUEL. Ceci est de la haute comédie, mon enfant, et prouve, d'ailleurs, à quel point vous êtes jeune et peu au fait des roueries de l'existence.

PALMYRE. A mon tour, je donne ma langue.

MANUEL. Sur mon honneur, Palmyre, j'ai fréquenté beaucoup de tartans depuis mon arrivée à Paris, mais je veux mourir si j'en vis jamais de plus primitif que vous. — Palmyre?

PALMYRE. Manuel?

MANUEL. Faites-moi le plaisir, ma chère, d'interroger l'almanach.

PALMYRE. Quel rapport?...

MANUEL. Interrogez, vous dis-je.

PALMYRE. Après?

MANUEL. Et que vous répond l'almanach consulté?

PALMYRE. Il me rappelle que c'est dans six semaines le premier jour de l'an et que tu m'as promis de me surprendre par l'envoi d'une capote de velours.

MANUEL. Diable! vous avez de la mémoire. Mais laissons ce propos parfaitement oiseux et revenons au sujet qui nous occupe.

Si le jour de l'an — maudit soit-il! — échoit dans six semaines, nous sommes conséquemment en plein novembre.

PALMYRE. Sans doute.

MANUEL. Et tu ne comprends pas?

PALMYRE. Pas davantage.

MANUEL. Ma parole, j'ai connu des statues en carton-pierre dont l'intelligence était infiniment plus développée que la vôtre. — Quel temps fait-il en novembre?

PALMYRE. Aujourd'hui j'ai l'onglée.

MANUEL. Or, quand il gèle, à quoi servent les vêtemens d'été? A quoi, je vous le demande?

PALMYRE. A s'enrhumer du cerveau.

MANUEL. Ceci est, de toutes vos répliques, la première qui ait le sens commun.

PALMYRE. Flatteur!

MANUEL. Non; je le dis comme je le pense. Palmyre, savez-vous ce que c'est qu'un homme enrhumé du cerveau? Avez-vous jamais observé les hideux détails de cette infirmité dégradante?

PALMYRE. Quelquefois.

MANUEL. Et vous aimeriez un être en proie à cette calamité pénible?

PALMYLE. Pourquoi pas?

MANUEL. Allons donc! allons donc! Je plains cet aveuglement, ma chère. Eh! quoi, vous ne rougiriez pas d'appeler « mon ange! » un mortel enrhumé du cerveau.... Mais la passion vous égare; mais vous oubliez quel atroce cortège ce fléau traîne à sa suite. Vous parleriez amour et l'on vous répondrait éternuement... Plus de sermens, point de douces paroles, mais des « Dieu vous bénisse! » à bouche que veux-tu?

PALMYRE. Je veux être couronnée rosière, si je comprends un seul mot!

MANUEL (*s'échauffant*). Et alors, que se passe-t-il? Désillusionnée par cet infâme rhume de cerveau, la femme qu'on aime sent bientôt l'amour faire place à l'indifférence et l'indifférence au dégoût. — Et alors, on va, seul et sans compagne ; on che-

mine tristement dans la vie sans avoir un cœur qui comprenne votre cœur, une ame qui sympathise avec votre ame ; on est misérable comme le Juif-Errant, et tout cela grâce au rhume de cerveau et à ses épouvantables conséquences. — Palmyre, tu sais si je t'aime !

PALMYRE. Je n'en jurerais pas.

MANUEL. Tu sais donc combien je t'aime, et partant tu dois comprendre à quel degré je hais et je fuis les rhumes de cerveau

et tout ce qui pourrait y donner lieu. Or, et c'est toi-même qui me l'as dit tout à l'heure, rien ne pousse à l'éternuement comme les vêtemens d'été au mois de novembre.... Commences-tu à saisir ?

PALMYRE. J'en ai peur.

MANUEL (*lui passant plusieurs papiers imprimés*). Achève de te convaincre.

PALMYRE (*lisant*).

MONT DE PIÉTÉ.

SUCCURSALE DE LA RUE DE CONDÉ.

« Il a été engagé, le 14 novembre 1839, par M. Manuel, étudiant, rue Saint-Jacques, 295, les objets ci-contre :

3 pantalons..................	9 fr.
4 gilets....................	6
6 foulards.............	5
Un paletot de fil......	4
	24 fr.

PALMYRE. Et voilà la source de ta fortune et la cause de ta soirée ?

MANUEL. Comme tu dis, mon ange !

PALMYRE. Ah ! ça... et demain ?

MANUEL. Palmyre, je croyais vous avoir dit que la morale me cauchemarde complètement.

(*Huit heures sonnent ; les invités arrivent. Nous laissons le crayon de notre ami Benjamin vous initier aux détails de cette remarquable soirée.*)

PARIS

UNE ONDÉE.

L'OMNIBUS.

L'Omnibus fit son apparition à Paris quelques jours seulement avant la révolution de juillet, on se rappelle qu'il s'y conduisit en brave, et que les plus belles barricades furent faites de son corps. Je n'ai pas entendu dire qu'il ait eu part aux récompenses nationales, c'est une injustice; s'il n'a pas mérité la croix, il devait avoir au moins la médaille de juillet; tous les décorés de cet ordre n'en ont pas fait autant que lui. —L'Omnibus a gardé rancune au gouvernement de cet oubli injurieux, aussi vous avez remarqué qu'à chaque émeute, il se range toujours du côté des insurgés. L'Omnibus, considéré sous un point de vue moins politique, est une des plus heureuses applications des idées phalanstériennes, et c'est aussi une des plus agréables sources de pots-de-vin administratifs. Une ligne d'Omnibus bien choisie vaut aujourd'hui de deux à trois

cent mille francs, et il y a tel fonctionnaire qui en peut créer autant qu'il veut, et tel autre qui, dans des temps meilleurs pour lui, ne s'en fit pas faute. Il ne faut avoir aujourd'hui que six sous dans sa poche pour faire le tour de Paris en voiture. Toutefois, on serait dans une étrange erreur si on allait se persuader que tout est rose dans l'omnibus; il y aurait, au contraire, un poème à faire, rempli des plus hautes considérations sociales et politiques, sur les trente-six infortunes d'un voyageur en omnibus, pour faire suite aux trente-six infortunes de Pierrot. — Vous fuyez votre tailleur ou votre bottier, il y a à parier que vous allez le rencontrer dans

l'Omnibus; une autre fois, c'est un fils en bonne fortune qui vient se jeter dans les bras du vertueux auteur de ses jours, ou un mari séparé de corps et biens qui se voit forcé de prendre place auprès

de son ex-moitié. Il est vrai que l'Omnibus a aussi ses hazards heureux; un conducteur attentif vous racontera plus d'un petit roman, qui commmença à la Bastille et qui finit à la barrière du Roule, comme finissent tous les vaudevilles. Il vous dira aussi que, bien souvent, des amis qui se cherchaient depuis deux ans dans tous les coins de Paris se sont enfin retrouvés dans son Omnibus. En résumé, avec ses agrémens et ses désagrémens, l'Omnibus serait une voiture fort agréable, s'il était possible de s'en servir, mais il n'est pas rare de rencontrer des gens, au nombre desquels vous pouvez placer votre serviteur, qui n'ont jamais pu trouver place dans ces effrayantes voitures. Quand je dis jamais, c'est une erreur : je me rappelle qu'embarqué un jour pour me rendre au Panthéon, j'arrivai, après deux heures de marche, à la barrière du Trône, pour m'être trompé de voiture au bureau de correspondance. Toutes les autres fois, après avoir couru cinq minutes après l'Omnibus, qui est d'une malice sans exemple, pour un être aussi gros, et qui n'ira vite que quand il voit qu'on lui court après, j'ai toujours trouvé l'impassible Cerbère galonné, me criant d'un air stupide : Complet! complet! — Il faut avoir

fait des études toutes particulières, il faut connaître parfaitement son plan de Paris, pour pouvoir se servir de l'Omnibus. Je me propose, à la prochaine session, d'adresser une pétition aux chambres pour demander la création, à la Bibliothèque royale, d'un cours de géographie à l'usage des voyageurs en Omnibus. — Je trouve ce cours infiniment plus utile que celui des langues iroquoise, ou chinoise, qu'on est censé y professer. — Il y a d'honnêtes rentiers du Marais, retirés de l'épicerie ou du calicot, qui se livrent à l'étude de l'Omnibus. L'été, vis à vis le Jardin-Turc, vous trouverez de ces vénérables citoyens qui vous indiqueront le moyen de faire dix lieues dans Paris pour six sous, au moyen de vingt-quatre billets de correspondance; avec un supplément ils vous feront voyager dans toute la banlieue. Il y en a un que tous les conducteurs connaissent : pendant deux ans, sa vie s'est passée

en Omnibus ; il a exploré Paris et la banlieue dans tous les sens ; il est actionnaire quand même de toutes les entreprises d'Omnibus créées et à créer ; pour lui, l'Omnibus est la plus belle invention moderne, la dernière expression du progrès, la plus belle conquête de la civilisation ; le Grand-Seigneur aura beau publier des hatti-schériffs, il n'aura toute son estime que quand il aura fait établir des Omnibus à Constantinople. C'est alors seulement qu'il placera la Turquie au nombre des états constitutionnels. Cet estimable rentier vous dira qu'une clause expresse de son testament porte que lorsque le conducteur de son existence aura crié : Com-

plet ! et qu'il devra quitter la Place-Royale pour aller faire au Père-Lachaise un séjour infiniment trop prolongé, il ne veut pas y aller en corbillard, mais absolument en Omnibus.

PARIS

UNE PROMENADE.

Lith. de J. Caboche Duverray et Cie

16 rue du Croissant

N: 45

Edité par le Charivari.

LE JARDIN DES TUILERIES.

Un hasard assez singulier, dit Prud'homme dans son *Miroir de Paris*, c'est que le plus beau jardin public d'Athènes s'appelait les Tuileries ou le Céramique, parce qu'il avait été planté comme le nôtre sur un endroit où l'on faisait des tuiles.

Sous le règne de Henri IV, le jardin des Tuileries était mal distribué, moins étendu, et séparé du palais par une rue souvent impraticable. Le célèbre Lenostre fut chargé plus tard par Louis XIV de construire le chef-d'œuvre que nous voyons, et qui passe aux yeux des connaisseurs pour être le plus majestueux de l'Europe. Aussi Hercule veille aujourd'hui près de l'entrée qui s'ouvre sur la rue de Rivoli, et le lion de Barrye défend la grille qui conduit au Pont-Royal.

Les statues de Pilopœmen, d'Atalante, de Spartacus, et un abrégé de l'Olympe mythologique, entremêlé de vases en marbre blanc et de faunes jouant de la flûte, peuplent les autres parties de cette promenade, où les tapis de gazon se déroulent sous des voûtes de marronniers.

Le jardin des Tuileries est le point de réunion le plus séduisant qui soit à Paris. Quand la belle saison n'est pas un leurre, et dès que le mois de mai se décide à faire son apparition, le monde accourt respirer la fraîcheur qui se détache des feuilles et dépenser dans de charmantes causeries l'heure la plus douce de la journée.

La terrasse du bord de l'eau a été de tout temps abandonnée aux philosophes qui cherchent la solitude et les bancs de pierre, aux misantropes pensifs qui dédaignent l'architecture de Philibert de l'Orme et se contentent pour toute distraction du mouvement de l'embarcadère des bateaux de Saint-Cloud.

Celle des Feuillans est et restera le partage des Anglais intimidés que les souvenirs de Catherine de Médicis intéressent peu, et des respectables maris condamnés à traîner un sac, un châle et un parasol, compliqués de leur progéniture et d'une femme enceinte.

La Petite-Provence, qu'on trouve à l'extrémité de cette terrasse, est une volière en fleur où voltige sans cesse l'espoir de la génération future, sous la surveillance immédiate des femmes de chambre et des gouvernantes. Les oiseaux et les enfans y jouent ensemble.

Mais le rayon préféré, la vraie vallée de Tempé du jardin des Tuileries est située dans la principale avenue, dite des Orangers. Qu'un coucher de soleil est un tableau mouvant et magique sur ce point de l'eldorado parisien ! En dedans se croisent des toilettes ravissantes et des femmes célestes ; en dehors stationnent des équipages magnifiques et des chevaux fringans qui attendent que la rosée et l'appétit congédient ces heureux désœuvrés. Les livrées, les armoiries, les jockeys, les chasseurs, les marabouts, la gaze, les dentelles, les jolies petites filles, les cavaliers empressés, les femmes comme il faut, animent ce paysage, se perdent dans les allées, montent et descendent les escaliers de granit. Les ardeurs du ciel font délaisser partout l'atmosphère des salons pour le culte de la brise tempérée. Chaque année, la sortie des chaises des Tuileries attire par ce moyen une population choisie qui cherche les tièdes haleines du soir sous les arbres séculaires de ce jardin royal.

L'empire de la chaise publique se fait également sentir ailleurs. Sur le boulevart des Italiens c'est la coquetterie affichée qui s'en empare ; c'est la mode prise sur le fait qui s'y pavane. Les lions de Tortoni s'en servent dans leurs conciliabules lorsqu'il s'agit de comploter les révolutions de Longchamps. Les merveilleuses de la rue du Helder y étalent leurs grâces en soupirant après l'épanouissement des lilas et le parfum des acacias qui bourgeonnent.

Au Palais-Royal, où la bourgeoisie aisée fourmille, c'est le rentier oisif qui trône sur la chaise vulgaire de paille et de bois blanc. Ce point d'appui lui permet d'apprendre son journal par cœur et d'écouter plus à l'aise le signal du canon solaire, sur la ponctualité duquel il règle méthodiquement sa montre.

Mais il est bien convenu que la noblesse de naissance et l'aristocratie du bon ton ne doivent s'abriter que sous les orangers de
la grande allée des Tuileries. Là, seulement, il leur est permis de
se délasser, symétriquement et sur des chaisses rangées en bataille, de la monotonie de leur bonheur paisible. Quelquefois la
finance s'y glisse dans la foule et s'y repose de tous les périlleux
assauts de la Bourse. L'argent n'est-il pas une autre royauté par
le temps qui court! A ce compte, il a le droit de se mêler aux pa-
pillons nacrés des ambassades qui viennent dans le jardin pour
butiner galamment, et tendre, avec le crépuscule, leurs lacs et
leurs filets.

L'air, en effet, est si pur aux Tuileries! le calme des massifs engage si doucement à la promenade et à la rêverie! il est si agréable
ensuite de s'arrêter au retour, que la prédilection des femmes et
le sourire des dandys reviendront sans cesse à ces modestes chaises
qu'on paie à présent dix centimes la séance et qu'on loua six livres,
lorsqu'en 85 les physiciens Charles et Robert tentèrent cette expérience aérostatique qui coûta la vie à l'un d'eux.

La structure de la chaise des Tuileries est uniforme; sa simpli-
cité fait toute sa parure. Les sympathies du noble et du riche, de
l'élégant et du flâneur lui sont acquises sans que personne songe à se
plaindre de la dureté de son dossier. C'est peut-être, de tous les
accessoires de l'existence, l'objet qui compte le plus de partisans
et le moins d'adversaires. Il justifie on ne peut mieux cet adage
d'opéra comique :

Et toujours la nature
Embellit la beauté!

Puisque le jardin des Tuileries est un but, une excuse, un motif

de sortie, on a eu quelque raison d'en faire une nécessité presque
autant qu'une habitude. Rien au monde ne pourra la déraciner.
Le ciel est serin; on marche droit devant soi, une chaise se présente: on s'assied. Qui que vous soyez, observateur silencieux,
lionne aventureuse, médisant en moustaches frisées, égoïste qui
vous délectez dans votre bien-être, une sorte de béatitude viendra
vous envelopper sur votre chaise, le plaisir bourdonnera autour
de votre tête, un panorama vivant défilera devant vos yeux, et,
sans vous en douter, vous assisterez à l'un des spectacles les plus
attrayans des soirées d'été.

Dans l'intérieur de Paris, les concerts ambulans vous assour-
dissent; les marchandes de bouquets de violettes vous barrent les
trottoirs; les passages sont inabordables; les voitures attentent
à la sûreté des piétons. Aux Tuileries, la vie s'écoule bien autrement.

De joyeux enfans tout blonds, tout rosés, embarrassent vos
jambes dans leurs cerceaux; leurs mères, encore jeunes, les excu-
sent en vous souriant gracieusement; les corbeaux bavardent sur
la cime des arbres; les cygnes plongent leur duvet sous l'eau des
bassins; le gazouillement des rouge-gorges retentit; le clapote-
ment des jets d'eau se mêle à cette harmonie; les émanations des
géraniums, les sorbets, les rencontres imprévues, les entretiens
providentiels, le va et vient des promeneurs, le mouvement des
sentinelles, et mille autres distractions enchantent l'instant que
l'on passe dans ce paradis terrestre, et l'embellissent de tant de
manières, que c'est comme un enivrement sans pareil, un mirage
divin.

Et à qui devez-vous tout cela, fortunés promeneurs? aux ma-
gnificences imposantes du printemps; à la simple chaise de sapin
du jardin des Tuileries.

—•—◦—•—

. Vous qui connaissez Saint-Cloud, Sèvres, Charenton et Fontainebleau, vous devez avoir visité Corbeil. Si vos promenades dans nos environs ne vous ont pas conduit par là, c'est un malheur. Corbeil n'est qu'à sept lieues de Paris. L'air y est sain, les femmes passables et le pain excellent.

Au point où la Seine reçoit complaisamment dans ses bras les eau d'Essone, on voit Corbeil se mirant comme une naïade dans le cristal du fleuve, qui existait bien avant le neuvième siècle, alors que cette petite ville n'existait pas.

On n'y apercevait alors que quelques cabanes de pêcheurs qui vivaient de goujons, d'escargots et de racines, et quelques bateliers, autres anachorètes, qui passaient les voyageurs. Un beau jour ces chaumières de paille et d'argile se multiplièrent, si bien qu'on jugea convenable d'y établir un château-fort et même un comte pour les défendre.

En 1112, Louis le Gros, voulant se mettre en garde contre les nobles qui troublaient son sommeil, enleva Corbeil à son frère Philippe, et le rangea sous sa puissance. Cette ville rentra ainsi dans le domaine du roi, et en cessant ainsi d'être chef-lieu de comté, elle devint le siège d'une châtellenie, et d'une prévôté.

Sept années après, le pape Calixte II, accompagné du roi et de la reine Adélaïde, vint y séjourner pendant quelques jours de la belle saison. Les historiens assurent que le château était digne de loger la noble et sainte compagnie. Vers le même temps, Abeilard, persécuté par ses adversaires, établit son école à Corbeil, qu'il ne quitta que parce qu'il tomba malade de fatigue.

Plus tard, Corbeil et ses dépendances furent donnés à titre de douaire à Iseburge, princesse danoise, épouse de Philippe-Auguste. Exilée du toit conjugal pour des motifs que les chroniques ont jugé prudent de ne pas nous transmettre, elle se retira dans ce pays et fonda une communauté dont on fit une commanderie, où s'établit le grand-trésorier de l'ordre de Malte.

Pour ajouter le prestige militaire à son illustration religieuse, Corbeil fut pris et pillé plusieurs fois par les Anglais et les Navarrois. Ce fut même un instant presqu'une prison détat, puisque Georges d'Amboise y fut enfermé.

Il est présumable qu'à cette époque la population n'était pas éloignée d'avoir les trois mille habitans qui la composent aujourd'hui.

Elle avait à supporter quelques charges qui ne pouvaient frapper qu'une ville de quelque importance : le château de Corbeil payait à l'évêque de Paris un cierge du prix de vingt sous. Philippe-Auguste en reconnaissant cet impôt, sanctionna aussi le droit qu'avait cet évêque de se faire porter, lors de son installation, sur les épaules de deux chevaliers du château. Nous mettrions volontiers en doute l'authenticité de cette coutume plus qu'originale, si Lebeuf ne la certifiait dans son histoire du diocèse de Paris.

Jalouse de s'affranchir d'une foule de redevances de cette nature, la ville de Corbeil s'empressa d'ouvrir ses portes à Henri IV. Le curé, les échevins, et les notables vinrent, avec la croix, le recevoir dans le faubourg et Corbeil en changeant de maître, paya des dettes d'un autre genre. Le vert-galant royal était trop diable à quatre pour ne pas user des prérogatives de son emploi.

A présent Corbeil, divisé comme autrefois en deux parties par le cours de la Seine, se ressent du voisinage d'une grande capitale. La rive droite, anciennement nommée Vieux-Corbeil, et la moins étendue, est considérée comme faubourg. Il n'y a que les riches qui aient des gens, comme il n'y a que les villes qui aient des faubourgs. Un pont, sous lequel passent les bateaux à vapeur qui font le service de Paris à Montereau, communique avec la rive

gauche, nommée la Nouvelle-Ville. C'est à l'extrémité de ce pont, du côté du nouveau Corbeil, que s'élevait le château, maison de plaisance pour le pape Calixte, le roi Louis, et la reine Adélaïde ; maison de correction pour Georges d'Amboise et la femme de Philippe-Auguste.

Il se fait à Corbeil un commerce considérable de grains et de farines. Les manufactures de papiers, de toiles peintes, et les tanneries n'y manquent pas. Si l'on voit dans ce pays un bon nombre de moulins et surtout ce magasin fameux, construit par l'ordre de l'abbé Terray, on n'y voit pas du tout de conscrits, quoiqu'une chanson populaire lui en attribue un qui n'avait pas son pareil. Pour notre compte nous n'avons aperçu à Corbeil que des gendarmes qui veillent au transport des marchandises et au débarquement des voyageurs parisiens. Nous avons tout lieu de croire que le conscrit de Corbeil est une utopie de garnison.

Cette observation, consignée dans nos impressions de voyage, nous a éclairés sur bien des erreurs que les touristes se plaisent à semer sur les environs de Paris. Nos pérégrinations nous ont au moins servis à quelque chose. Ainsi nous avons reconnu que pour manger des gâteaux de Nanterre à Nanterre, il fallait les acheter à Paris, comme pour faire connaissance avec la sole en matelotte normande, on devait se garder d'aller la chercher à Honfleur ou à Trouville-les-Bains.

Les poires de Saint-Germain se rangent dans la catégorie des

gâteaux de Nanterre. Elles appartiennent à la famille des inventions, ainsi que le saucisson de Lyon dont la grande fabrique est à Châlons-sur-Saône.

Pour revenir à notre sujet, le départ et l'arrivée des bateaux qui conduisent à Corbeil, ressemblent aux arrivées et aux départs des autres véhicules à vapeur. Toute la différence existe dans l'équipage, les mœurs des passagers, et les distractions que présente cette petite traversée.

Ainsi, le capitaine lit les livres nouveaux. Nous nous souvenons avoir vu entre les mains de celui de l'*Aigle* un volume du *Journaliste*, de Frédéric Soulié, avant sa publication officielle.

Un voyageur assis à la proue du navire et fumant le cigare qu'il a acheté à la Civette, se rend au Coudray où l'attend Firmin, de la Comédie-Française, qui y possède un castel, un bois et des pigeons.

Cet autre s'impatiente de ne pas arriver à Melun, dont les anguilles sont encore une chimère comme les produits que nous avons énumérés plus haut.

Le reste se donne le plaisir d'une promenade de santé. Le bateau de Corbeil équivaut donc à un fiacre à l'heure.

PARIS

UNE LEÇON DE MUSIQUE

Lith. de J. Caboche & Cie

UNE LEÇON DE MUSIQUE.

Horace a raison : nous valons moins que nos pères, et nos enfans vaudront encore moins que nous. Cela promet à nos petits-ne-
veux une bien honorable postérité.

La postérité de nos aïeux bien morts et enterrés n'est déjà pas
mal comme ça ; le présent traite les choses les plus sérieuses avec
un sans-façon et un laisser-aller inconcevables. Il fait tout sous
jambe, jusqu'à l'amour. Les amans de la bonne souche d'autrefois
n'agissaient pas ainsi ; ils étaient tenus, d'après le code des galans,
de se soumettre à une législation autrement entendue que la nôtre.
Pour la moindre violation à ces lois secrètes, on renvoyait le coupable devant la justice des cours d'amour.

Ils s'obligeaient, par exemple, à attacher leur couvre-chef avec
de certains nœuds et à dire chaque soir en les défaisant : *Dieu
donne bonne nuit à ma dame.* De son côté, celle-ci devait dire, en
s'habillant le matin : *Dieu doint très bon jour à mon très doulx
amy.* M. Scribe a découvert dans ce tendre usage la plus gracieuse
scène de son vaudeville : *Les premières Amours.*

Les amans passaient au moins une fois ou deux par semaine, à
la nuit tombante, devant la porte de leur bien-aimée : c'était la
règle. Et là, quelque temps qu'il fit, quelqu'averse qui les mena-
çât, il leur fallait attendre qu'il tombât à leurs pieds un bouquet
symbolique ou une simple pensée. Les bouquets à un sou et les
Flores ambulantes de nos salles de spectacle étaient encore à in-
venter.

Le froid saisissait quelquefois si violemment ces Lindors de car-
refour, qu'on les entendait grelotter et trembler comme la feuille.
Mais rien ne pouvait les dispenser de subir ces épreuves et de bra-
ver le supplice de la gelée blanche pour le bien de leur flamme ; ils
attendaient sous la gouttière qu'il plût à leur divinité d'accorder
un mot d'amour pour celui de Dieu et de leur personne.

Souvent le malheureux tout transi s'en retournait, n'ayant pu
baiser que la cliquette, autrement dit le marteau de la porte de sa
Galathée. Alors, il lui était interdit d'en témoigner le dépit même
le plus léger, et de se fâcher des moqueries qu'on lui lançait à ce
propos, car les méchans disaient de ceux qui s'étaient ainsi mor-
fondus : — qu'ils avaient fait le pied de grue, ou qu'ils avaient
écouté lever les avoines !

Afin que ces entrevues nocturnes ne prêtassent cependant pas
trop à la médisance, les dames avaient coutume de mettre sur leur
fenêtre des pots de marjolaines ou de violettes. C'étaient là les
jardins suspendus du petit Cupidon.

Ainsi, lorsque les préférés de leur cœur paraissaient dans la rue,
elles prenaient innocemment le prétexte d'arroser ces gentilles
fleurs pour ouvrir leurs croisées et envoyer un baiser à travers les
draperies. Dans le langage consacré de la galanterie du vieux
temps, cette subtilité s'appelait : *Réveiller les marjolaines.*

Par suite de ces conventions réciproques, un soupirant ne pouvait s'agenouiller, dans une église, du côté opposé à celui où,
pendant la messe, la demoiselle allait se placer. Il lui était défendu

de faire claquer son patin ou talon de ses bottes. Redresser le
poil de son chapeau, passer sa manche sur le duvet de sa casquette,
lire les écriteaux et oraisons des tombes (s'il lui arrivait de savoir
lire), comptait parmi les proscriptions du règlement.

Quand, par hasard, un chien aboyait derrière la dame, ou si le
couvercle d'un coffre criait, l'adorateur ne devait point se retourner ni regarder son adorée, pas plus qu'allumer sa torche devant elle au lève-Dieu, ni laisser choir le dessus de son banc, ni
baiser la paix après elle, ni une foule d'autres choses qui rendaient
le métier d'amoureux excessivement pénible.

S'il avait ces privations à endurer, il lui était permis, en revanche, d'offrir des joyaux et même des tissus précieux, comme de nos jours des soieries de Gagelin-Opigez, ou des ferronières achetées chez le bijoutier à la mode. A la moindre faute, ces amendemens étaient suspendus, et le galant encourait la disgrâce de sa bien-aimée, en déméritant des bénéfices de la charte d'amour.

Le pain mis à l'envers et dessus-dessous devant lui, faisait entendre qu'il était accusé de perfidie, de parjure ; et s'il était déclaré coupable au premier chef, on le comdamnait à accomplir un voyage, pieds nus, à monseigneur Valentin.

Aujourd'hui, on a perfectionné tout cela : le sentiment a passé par une étamine qui le simplifie considérablement. On se moque de la constance ; la fidélité est à l'index ; la cour d'amour est rococo et la sincérité perruque. Les femmes feraient bien de nous rendre la monnaie de notre pièce : les hommes actuels sont devenus si scélérats !

Vous connaissez tous cette jolie scène du *Barbier de Séville*, où Figaro étrangle Bartholo pour l'empêcher de voir ce qui se passe entre sa pupille et son jeune maître de musique. Cette situation, comme presque toutes celles de Beaumarchais, au plat à barbe et à la serviette près, se renouvelle chaque jour dans le monde. On dirait vraiment que le dieu de la musique s'entend avec ce libertin

qu'on adore à Cythère pour tromper les oncles, les tuteurs et proches parens qui s'endorment au coin de leur feu tandis que leur fille touche du clavecin.

Il faut convenir aussi que la romance a très peu fait dans l'intérêt des mœurs. En s'insinuant partout, elle a allumé un feu qui n'était que trop disposé à ravager le cœur humain. La romance est en effet un petit catéchisme d'amour qui apprend l'art d'aimer et celui de dire ce qu'on éprouve aux demoiselles à peine sorties de leur pensionnat. Le *mire dans mes yeux tes yeux* a tourné la tête à plus d'un professeur qui s'est payé de sa leçon sur la main de son élève. On en a vu qui allaient jusqu'à enlever leur écolière à la suite d'une barcarole finissant par ce refrain : *Partons, partons*

ensemble ! Tant il est vrai que Bartholo avait raison de se défier du maître de musique qui chantait avec Rosine.

Enfin, nous sommes aussi avancés en civilisation qu'en amour. Nous mettons de la vanité à le croire et de l'orgueil à le prouver. Une dame s'étant avisée d'entamer avec Kean une conversation sur ce chapitre délicat, et le trouvant dans des dispositions assez étranges pour un homme de son tempérament, osa lui dire : — Mais, M. Kean, vous ne faites donc jamais l'amour ? — Non, madame, lui répondit l'acteur célèbre, je l'achète tout fait.

PARIS

UNE RENCONTRE AU BAL.

XLII

UNE RENCONTRE AU BAL.

Bien des gens font leur carême avant le mardi-gras pour s'être livré avec une fureur exagérée aux entraînemens des premiers bals. Les bals masqués ont tant d'attraits, les premiers principalement, qu'il faudrait n'avoir pas la moindre pièce de cinq francs ni dans sa garde-robe le moindre habit de rechange à mettre en plan, — pardon de l'expression elle est consacrée — pour se priver du plaisir d'embellir de sa présence les salons de Valentino ou la salle Ventadour, en attendant les promenades plus ou moins vénitiennes du foyer de l'Opéra.

Il n'est pourtant pas, que nous sachions, de passe-temps plus ennuyeux, de délassement plus fatigant que le bal masqué. Si l'on excepte les pierrots, les turcs, les postillons de Longjumeau et autres aimables farceurs qui dépensent plus d'argent et de peine à se rendre hideux qu'il ne leur en faudrait pour se rendre beaux garçons ou à peu près, mais qui du moins se tordent dans les con-

vulsions d'une joie fiévreuse ; à part encore les femmes plus ou moins folles de leur personnes que le besoin d'aimer, ou plutôt d'être aimées, excite à une pétulance qui peut, à la rigueur, passer pour du plaisir, je défie qu'on trouve dans un bal masqué autre chose que des figures blêmes et maussades.

Et cependant, le bal a un attrait irrésistible. On y bâille, on y dort, on jure de n'y plus revenir, et le lendemain on trahit son serment, s'en trouve-t-on mieux ? hélas non ! Mais on n'est pas plus sage pour cela. C'est que l'espérance est toujours là pour consoler les malheureux et repaître leur imagination de chimères enchanteresses.

D'ailleurs, le bal est une loterie dont les bons numéros sont rares : mais pourvu qu'ils existent, — il suffit d'avoir la main heureuse ; et qui ne se flatte pas de réussir là où beaucoup d'autres échouent ? On a de l'amour-propre, si peu que ce soit ; et on court intrépidement au devant des rencontres : trouve qui peut.

Le bonheur suprême au bal, celui qui raffermit les jambes chancelantes, épanouit les visages contractés par les veilles et la fatigue, c'est d'être intrigué. Comme le cœur vous bat quand une femme à la taille svelte, au pied léger, à l'haleine embaumée, effleure votre main de sa main blanche — ou que vous soupçonnez telle sous le gant, — se suspend frémissante à votre bras et fait un appel à vos souvenirs de bonheur auxquels presque toujours elle est étrangère ; car, règle générale, les femmes, au milieu même de l'enivrement du bal masqué, révèlent des confidences reçues, des secrets surpris plus volontiers qu'elles n'évoquent l'histoire de leurs exploits, ou si vous l'aimez mieux, de leurs faiblesses. Mais qu'importe! si l'illusion est produite, si vous vous laissez fasciner par de riantes visions. L'illusion n'est-elle pas le bonheur !

Retenez donc long-temps auprès de vous la femme assez bien renseignée ou assez habile pour faire vibrer les cordes de votre cœur et vous bercer du souvenir vaporeux de vos plus beaux jours.

Car la femme qui vous intrigue et que vous vous obstinez à reconnaître, ne l'eussiez vous jamais vue, est un confesseur qui vous force à un examen de conscience, qui provoque la revue générale de vos plus charmans péchés. Oh ! oui, faites bon accueil à cette femme, car ses pareilles sont rares : toutes les femmes ont la prétention d'intriguer, mais il n'en est pas trois sur cent qui sachent le faire avec cet esprit et ce discernement qui vous exaltent et font luire devant vos yeux éblouis le miroir où se reflète votre passé.

Pour une de ces adorables syrènes, combien en trouverez-vous qui viendront vous dire avec une voix qu'elles s'efforceront de rendre fine et incisive.

« Que viens-tu-faire ici ? »

Ou : « Tu n'as donc pas amené ton Adèle. »

Ou plus souvent :

« Il fait bien chaud cette nuit, n'offres-tu pas une glace à ton amie ? »

N'y a-t-il pas là de quoi refroidir le cœur le plus brûlant ?

Les artistes, et les gens de lettres surtout, sont le point de mire des agaceries et des interrogations plus ou moins énigmatiques de la beauté. Madame fait des drames ou des romans : elle poursuit de ses mystifications le feuilletoniste impitoyable et peu Français — moralement parlant — qui a méconnu son talent. Telle actrice en renom caresse de la langue, pour le déchirer, — ainsi que fait de sa proie un tigre non Carter, — le peintre indiscret qui l'a représentée d'après nature sans passer la brosse sur une ride ou l'éponge sur une patte d'oie.

Les artistes, d'ailleurs plus connus et plus recherchés que le commun des mortels et même des banquiers, sont donc plus exposés aux rencontres tristes ou joyeuses. Vous voyez souvent leurs deux bras occupés à la fois, tandis que tant d'autres restent croisés ou ne s'agitent que pour élever à hauteur de mâchoire la main pudique qui s'efforce de comprimer un bâillement intempestif. Mais je vous le répète, ne vous hâtez pas trop d'envier leur bonheur. Tel qui semble se pavaner entre deux dominos amoureux se débat en réalité, sous la double étreinte d'un bas bleu exaspéré et d'une blanchisseuse retraitée qui lui subtilise son adresse pour aller réclamer le paiement d'un vieux mémoire oublié par lui mais non par elle ; car les créanciers n'oublient rien. Le fleuve Léthé n'a jamais existé pour eux.

PARIS

LE SINGE SAVANT.

Litho. de J. Caboche-Garneray et Cie.

24.

Edité par le Charivari.

16. rue du Croissant.

XLIII

LE SINGE SAVANT.

Savez-vous qu'il y a quelque chose de bien mélancolique dans cette musique qui court nos rues l'hiver, dans ces airs variés que l'on colporte le soir, une lanterne magique et un orgue de Barbarie pour tout équipage !

Celui qui voit l'homme dont l'état est de promener ces marionnettes de verre, le curieux qui est à même d'en toucher les fils n'y trouve plus rien d'attrayant ni de fantastique. Le charme cesse et disparaît dès qu'on s'en approche. C'est comme ce phénomène oriental qui ressemblait à un serpent de loin et n'était plus de près qu'une queue de chameau endormi.

Mais enfermez-vous dans votre chambre, tisonnez votre feu, roulez-vous dans votre robe de chambre de soie, chaussez vos pantoufles de velours, enfoncez-vous dans votre fauteuil, et, les yeux sur un conte d'Hoffmann, attendez que l'orgue se fasse entendre.

Dès que la musique commence à percer au coin de votre rue, le plaisir vous vient, le frisson vous gagne ; vous vous sentez tressaillir et aimer ; les tableaux de votre cabinet s'animent, vous avez un drame étrange dans la tête : vous étouffez de contentement. A mesure que les accords avancent, votre joie redouble ; l'orgue s'arrête sous votre balcon et vous voilà en proie à un magnétisme sous l'effet duquel votre chambre prend la forme d'un monde dont le levier repose dans votre cerveau.

Puis le son fuit, s'amincit et s'éteint ; puis l'homme à la lanterne magique passe et se perd ; mais il vous reste encore, pendant quelques instans, un charme indéfinissable qui rafraîchit votre cœur et donne à vos nerfs une souplesse surnaturelle.

Voilà de bien douces minutes sans doute ; voilà de bien voluptueuses sensations. Seulement il faut les espérer, sans les attendre. Tâchez que ce soit une surprise pour vos sens, si vous tenez à en savourer l'harmonieuse bienfaisance. Ah ! si l'Auvergnat qui porte l'orgue de Barbarie savait tout l'enivrement que procure sa musique gratuite ! comme il se rattraperait sur le prix d'exhibition de sa lanterne magique !

L'Auvergne, d'où nous viennent ces joueurs d'orgue de Barbarie, alimente Paris de porteurs d'eau, de commissionnaires et de

marchands de marrons. C'est l'Auvergne qui produit aussi les étameurs de casserolles, les raccommodeurs de porcelaines et les singes savans.

En dépit de la civilisation, qui nous déborde avec ses chapeaux ras mexicains et ses locutions françaises bien alambiquées, vous reconnaîtrez aisément un Auvergnat dans la foule des sapajous vêtus en officiers et des chiens habillés en marquis.

Lui seul a le courage de conserver sa coiffure de castor à bords relevés en gouttière, ou sa casquette à fronton renversé ; lui seul est assez indifférent des belles manières pour garder parmi nous ses souliers ferrés à glace et son charabia incompréhensible.

L'Auvergnat est doué d'une santé de fer ; le ciel, dans sa munificence, l'a ordinairement doté par dessus le marché d'une pépinière de marmots, dont il ne sait trop que faire et qu'il décoche dans les quatre parties du globe pour s'en débarrasser d'abord, et ensuite pour les obliger à faire fortune. C'est à ce besoin d'argent que l'Auvergnat, en bas âge, doit de partager avec l'enfant de la Savoie le privilége d'exploiter la bourse des bourgeois de Paris, en les flattant des titres de : Mon bon monsieu, ou mon général, ou mon prince. Un bonnetier qu'on appelle mon prince donne toujours cinq centimes au singe savant. Que donnerait-il, s'il s'entendait qualifier de majesté !....

Ce petit industriel devine à vue d'œil le clavier de la vanité de chacun des passans, et sait faire vibrer à propos la note qui peut flatter le mieux leur amour-propre. L'Auvergnat naît avec cet instinct des faiblesses humaines. Il est aussi subtil que son animal.

L'hiver dernier, le singe savant d'un de ces petits garçons était malade. Depuis quelques jours la pauvre bête, dressée à ce manège, n'escaladait plus les fenêtres pour aller chercher les sous des jolis enfans que ses grimaces divertissaient; ses beaux habits rouges attendaient son rétablissement : ce singe n'avait conservé de sa vie publique que la chaîne qui lui serrait le ventre, en solide gardien de sa fidélité. Tandis qu'il expiait sur la paille de son lit ses imprudences le long des gouttières, son maître, à peine âgé de onze à douze ans, était, avec son orgue passé au cou, en sentinelle à l'angle que forme la rue de la Paix, du côté droit du boulevart.

Une femme, élégamment vêtue et chaudement enveloppée dans sa pelisse et son manchon, suivait le trottoir gauche qui aboutit à la place Vendôme. Le jeune mendiant jugea tout d'abord qu'elle devait avoir bon cœur. Rien ne lui avait dit pourtant que sous cette simple parure du matin se cachait l'actrice la plus généreuse de nos théâtres de Paris. Sa femme de chambre l'accompagnait.

L'air humble et le ton doucereux, notre petit Auvergnat aborda Mlle ***, et de l'aplomb le plus imperturbable lui demanda l'aumône d'une pièce d'or.

— Qu'est-ce à dire? vingt francs!... se récria la jeune femme. Dans quel pays du monde a-t-on vu un pauvre réclamer un secours aussi fort?

— Ma bonne dame, répliqua l'Auvergnat dans son jargon natal, puisque vous me refusez cette charité, je me résigne.... Cependant, en m'accordant cette somme, vous m'eussiez détourné du parti que je vais prendre....

En disant cela, il leva les yeux au ciel, poussa un soupir et s'éloigna le visage inondé de larmes.

— Quoi! pensa l'excellente comédienne; est-ce que ce malheureux aurait le dessein de se porter à quelque extrémité?... En même temps elle fit signe à sa femme de chambre de rappeler l'Auvergnat, ne voulant pas qu'un napoléon de plus ou de moins fût cause d'un malheur. — Mon ami, dit Mlle ***, à mesure qu'elle lui glissait sa bourse dans la main; tiens, voici vingt francs...... Mais, dis-moi, pourquoi mon refus t'avait-il tant affligé?

— Madame, répliqua l'enfant consolé, en empochant le cadeau au plus vite, comme s'il eût craint que son argent s'envolât; c'est que mon singe s'est blessé à la patte, et comme il peut mourir, je me voyais sur le point d'être obligé de travailler....

Ainsi le travail était l'épouvantail de ce petit garçon; habitué qu'il était à gagner sa vie avec des chansons et des singeries, il se faisait un fantôme de la moindre occupation! Si de bonne heure on ne l'eût pas accoutumé à vivre de la pitié d'autrui, comme ses pareils qui montrent des souris blanches, des écureuils, des cochons d'Inde, ou des marmottes, il serait aujourd'hui dans un atelier, et on ne le rencontrerait pas contre les portes cochères, simulant la fièvre pour exciter la compassion publique.

Depuis le jour où elle fit l'aumône à ce paresseux de la grande espèce, Mlle *** ne donne plus qu'aux vieillards et aux mères de famille. C'est un exemple qu'on devrait imiter, ne fût-ce que pour délivrer Paris de tous ces singes savans qui embarrassent la circulation. Nous avons assez de bêtes d'esprit comme cela, et d'ailleurs, la lanterne magique et l'orgue de Barbarie sont plus dignes de tout cet argent qu'on distribue au désœuvrement et à l'oisiveté des petits Auvergnats.

PARIS

SOIRÉE TRAVESTIE.

Imp. de J. Laboste (lacurray et C.ie)

Édité par le Charivari. 16. Rue du Croissant.

4

XLIV

SOIRÉE TRAVESTIE.

Autant on s'amuse dans un bal costumé, autant on s'ennuie à une soirée travestie. Concevez-vous en effet rien de plus gauche, de plus embarrassé qu'un homme emprisonné dans un costume qui n'est pas le sien, et privé de l'effronterie causeuse que donne le

masque? On se fait voir, on se regarde, et voilà tout; on écoute, on cause à voix basse, et là se borne le plaisir qu'on se promettait en faisant sa toilette. Mieux valait cent mille fois garder son pantalon de casimir noir que de se mettre en pénitence dans le maillot collant d'un héros de Boccace !

Le travestissement demande à être complet, autrement il manque son but; c'est absolument comme un orateur auquel on aurait coupé la langue. Rendez-lui son faux visage et avec lui son audace, ou si non les cavaliers passeront leur temps à bâiller dans leur mouchoir, et les femmes n'auront d'autre ressource, pour animer la soirée, que de jouer de l'éventail et de la prunelle.

Nous connaissons cependant des familles qui, douées de louables intentions, donnent des bals l'hiver. Malheureusement, elles gâtent tout l'effet de leurs invitations en ajoutant au bas de cha-

que lettre qu'on ne sera admis que travesti. Ah! si ces gens-là savaient combien ils émoussent d'avance les charmes de leurs fêtes! combien ils déflorent la gaîté qui doit exciter tous les esprits, faire bondir tous les cœurs ! Proscrire le masque, c'est dire : vous serez guindé, pointu, gêné dans les entournures, ennuyeux, commun, sans sel, sans mordant ; vous serez tous de beaux mannequins, de brillantes poupées, et pas autre chose. Autant vaut s'ennuyer chez soi, et n'être sot qu'avec soi-même.

Les soirées travesties, en se propageant, finiraient par perdre cette fine fleur de galanterie française, cette aimable causticité des bals masqués, cet élan inspirateur des jouissances bien tranchées. Que la soirée garde pour elle les pianos plaintifs et les nocturnes; accordons lui même les airs de bravoure. Les robes blanches et empesées, les guimpes montantes, les yeux baissés, la modestie à la surface, sont le partage de ces réunions chantantes, instituées pour

le placement des demoiselles majeures, des jeunes filles sans dot et des veuves de colonels. Permis à elles de rester dans les limites du verre d'eau sucrée, ou de pousser le luxe jusqu'au sirop de groseille; mais qu'elles ne viennent pas marcher sur la lisière d'un territoire qu'elles n'ont ni la force ni le courage de conquérir. Soyez tout l'un ou tout l'autre; n'abâtardissez pas le carnaval que nous ont légué nos devanciers.

Si les soirées travesties trouvent quelques partisans à Paris, il faut en rejeter la faute sur les convenances, dont la tyrannie exige bien des sacrifices. Une place, une position, des titres, des honneurs, sont souvent des choses trop friandes pour qu'on hésite devant la nécessité d'immoler sur l'autel du ridicule quelques lambeaux de respect humain et de bon sens.

Nous entendons d'ici les sarcasmes que nous lancent ceux qu'atteignent ces quelques coups de plume. Ils se moquent de notre belle fureur, ils rient de ce que nous disons contre leurs pacifiques plaisirs. D'abord ils auraient tort de prendre au sérieux cette boutade dont le plus grand défaut sera de ne pas être suffisamment spirituelle pour les convertir au travestissement entier ; ensuite, ils avoueront avec nous que l'ennui est enfant de la gêne, et que sans citer un proverbe trivial, là où l'on n'est pas à l'aise, il est difficile de se plaire et de s'égayer.

Nous savons que le faux visage n'a pas le droit de franchir certaines limites ; des susceptibilités particulières, dont on a fait en quelques endroits des préjugés généraux, n'autorisent que l'appareil d'une mise empruntée soit à d'autres temps, soit à d'autres pays. On tolère le travestissement dans beaucoup de salons, mais le masque en est exclus. Nous concevons qu'il fasse peur aux femmes d'un tempérament lymphatique ; cette aversion tient à une faiblesse d'organisation dont elles ne sont pas responsables.

Et puis, il serait ailleurs d'un mauvais exemple de montrer le costume de carnaval dans sa perfection, joint aux licences, même les plus décentes, qu'il permet. Pour la sûreté des familles, et le repos des ménages, il y a des petits yeux fripons, éveillés et précoces auxquels il est bon de ne laisser apercevoir le monde qu'à travers le trou d'une aiguille. La société doit être aussi sage que la nature ; il faut que tout s'y fasse par progression insensible.

Mais les artistes qui n'ont pas ces dangers à courir, ou qui ont traversé les différens détroits de l'âge et de l'expérience ; à ceux-là nous ne saurions trop recommander la conservation de nos joyeuses coutumes que, du reste, nous ne craignons pas de voir s'éteindre de sitôt. Les soirées travesties entre gens qui tiennent à se divertir ne sauraient leur procurer tout l'agrément qu'ils cherchent.

En pareil cas, nos premières observations subsistent pour eux particulièrement. Le silence et la gravité, inséparables de dehors exacts et précieux, compromettent cette joie suspendue à toutes les lèvres, réfugiée dans tous les regards, et à laquelle il ne manque qu'une seule chose pour s'épancher à brûle-pourpoint.

Il est une remarque essentielle à faire, parce qu'elle se rattache à la liberté de causerie pour laquelle nous plaidons en ce moment : lorsqu'il s'agit de paraître à une soirée travestie, on songe moins à la danse, à la musique et à tout ce qui en dépend, qu'à briller par la richesse de ses ornemens, la fidélité de son costume ; c'est un rôle de meuble qu'on se prépare, et non un personnage dont on étudie l'esprit. Une statue en ferait autant.

Ainsi l'absence de tout bruit et le maintien sont la conséquence du désir de conservation qui retient tout le monde. Cette rapière a appartenu à Ambroise Paré, le médecin de Charles IX, et l'on ne voudrait pas la dérouiller ; cette aumônière vient de la garde-robe de la reine Margot, il serait cruel de l'aventurer dans une contredanse ; ce corsage a été taillé sur celui de Marion de Lorme, prenez garde de le chiffonner, car le patron en a été perdu.

Les pierrots et les capucins qui sont au fond de la galerie et n'ont pas autant à risquer, envoient au diable l'étiquette, ainsi que les sottes terreurs. Convenez qu'ils ont parfaitement raison.

PARIS

Eug Delacroix Pinxt

HAMLET.

Challamel Lith.　　　　　　　　Lith. Roger & Cⁱᵉ richer 7.

XLV

LE SALON.

L'exposition publique des ouvrages de peinture, de sculpture, de gravure et de lithographie des artistes vivans commence à Paris le premier mars de chaque année dans les salles du Louvre.

Il faut voir la foule qui s'élance dès l'ouverture des portes pour défiler devant cette longue rangée de tableaux modernes qui tournent impoliment le dos à des chefs-d'œuvre anciens et dont les auteurs se sont disputés l'apothéose du clou à crochet et la canonisation du salon carré.

Trop souvent, hélas! l'exhibition publique des productions de nos artistes n'est qu'un prétexte à une inondation de portraits de gardes nationaux en uniforme, à un déluge de femmes en riches étoffes qu'on serait tenté de prendre pour des enseignes de marchands de nouveautés.

Quelquefois c'est le paysage qui abonde avec ses pommiers de Normandie, ses moutons de pré-salé, et ses moulins à eau. Quelques uns de ces sites pittoresques ont alors le droit de se réjouir d'avoir obtenu les honneurs clandestins d'une ambrasure de fenêtre, où les attentions du vent et le tact ingénieux du balai les couvrent bientôt d'une poussière protectrice.

Ceux d'entre nos peintres qui se vouent aux scènes d'intérieur se donnent eux-mêmes, par prévoyance, la béatitude d'une bordure dorée et une louangeuse analyse dans le libret explicatif.

Leurs intentions, leurs groupes, et leurs figures sont parfois si bizarres qu'on se demande si l'aveugle de naissance qui montre aux visiteurs étrangers les merveilles de l'Escurial, ne se serait pas glissé par hasard parmi les membres du conseil d'admission.

Mais il est toujours un point du salon vers lequel la multitude s'amasse de préférence. C'est l'histoire des moutons de Panurge. La curiosité stationne là avec plus d'empressement que partout ailleurs. Pourquoi? et comment? Ainsi le veut la mode, le caprice qui entre pour sa bonne part dans ce privilége enviable d'attirer à soi, de concentrer sur soi les plus longs regards, les plus durables suffrages.

A quelques exceptions près, la littérature contemporaine s'était

contenté jusqu'ici des illustrations pacifiques de l'affiche, e l'exposition en toutes lettres derrière le vitrage des cabinet: lecture. Il arrivait de temps en temps que, séduit par le su d'une œuvre politique, d'un roman, ou d'un drame, dont il a aperçu le titre sur les devantures des libraires, un dessina improvisait un portrait que le béotien de Paris admirait sans naissance de cause et devant lequel les départemens s'agen laient de ravissement.

Afin de prévenir les conséquences que peuvent entraîne légèretés du crayon, les espiégleries d'un marchand d'estamp la littérature semble s'être donné le mot pour qu'à l'avenir chaque exposition, le public trouve la réelle et sincère députa de l'art d'écrire et de parler correctement au théâtre et à la v

Ainsi, maintenant que la plume paraît au Louvre en effigie curieux peuvent s'assurer que tel auteur qui compose de si petits vers pour les albums de romance ne ressemble point : forban ou à un négrier; que tel écrivain qui rédige des cont des nouvelles pour les enfans n'a pas le regard d'un hussite chevelure d'un démoniaque.

Le Salon de chaque année continue plus ou moins digner cette propagande du portrait littéraire. Les trois quarts usen leurs franches coudées, les deux tiers se carrent comme des sénat dans leurs cadres somptueux. Le pauvre profil, seul, ne fi jamais parmi les envoyés du corps des gens de lettres. Il y a pendant bon nombre d'entre eux qui gagneraient à n'être vus de côté.

Il existe outre cela au Salon une espèce de comédie que B saisira certainement pour l'appliquer sur la toile. C'est la com qui va, vient, marche, parle, juge, loue et critique. Chaque et chaque heure change de face à cette comédie burlesque. A tains jours de la semaine, il y a la comédie des privilégiés, des a teurs qui viennent en équipage, entrent avec une carte de fa et se plaisent, par genre, à trouver tout mauvais.

A d'autres heures, c'est la comédie des élèves drapés, des ra chevelus, des artistes eux-mêmes, qui proclament individuellement chaque œuvre parfaite. Celle du maître, ou la leur, bien entendu.

Puis vient la comédie des gourmands qui cherchent les tableaux ornés d'ananas, de tranches de saucisson et d'œufs sur le plat, appétissantes conceptions dont on assaisonne les tapisseries des salles à manger.

Après cela paraît la comédie des chasseurs, infatigables Nemrods qui courent après les tableaux de nature morte, les études de canards sauvages, de cerfs dix cors, de perdrix rouges; qui ne s'extasient que devant les chiens d'arrêt, les hures de sanglier et dont la bouche ne s'ouvre que pour chanter le hallali.

A cette comédie succède ensuite celle des Jean-Jean, admirateurs acharnés des batailles, des carnages, des revues, des villes prises d'assaut et de la poudre à canon. Ces Achilles en guêtres laissent leur sabre au bureau des parapluies et s'en viennent, dans un autre langage que celui d'Homère, célébrer à coups de coudes la gloire de la grande et petite armée, en présence des toiles militaires de Bellanger, Charlet et autres. La charge du troupier au Salon n'est pas la moins plaisante de toutes.

Ces comédies différentes qui se heurtent, qui se croisent, et qui se mélangent, forment un amalgame de réflexions, un potpourri de commentaires qu'il serait curieux de recueillir. On l'intitulerait la *Comédie des Comédies*, pour faire suite à la *Comédie des Comédiens* de Scudéry. Malheureusement cet ouvrage piquant échapperait à l'observateur le plus expert, juste au moment où il croirait le tenir.

Or donc, puis que c'est un divertissement que ses acteurs s'improvisent, que la plume ne saurait fixer sur le papier, et qui varie à toute minute, à toute seconde, le plus sûr est de s'en donner le spectacle soi-même et de ne pas compter sur nous pour s'en faire une idée.

A côté de ces erreurs de jugement, très rémissibles du reste, on a pourtant le plaisir d'entendre de sages opinions à propos de magnifiques toiles, au pied des quelles les connaisseurs causent et discutent raisonnablement, et où ils trouvent toujours de nouvelles choses à dire sur les choses nouvelles qu'ils y découvrent.

Ainsi l'attention, le silence, le recueillement et la terreur environnèrent long-temps cette imposante page d'Eugène Delacroix, qui était la traduction d'une scène d'Hamlet de Shakspeare, scène de philosophie sublime, et de raillerie amère pour les vanités d'ici bas, scène qui se passe entre un fossoyeur, Hamlet et Horatio.

En leur montrant les débris d'un squelette que sa pioche vient de rencontrer sous la terre, le fossoyeur leur dit : — Ce crâne messeigneurs, ce crâne est celui d'Yorick, le bouffon du roi !...

Riez donc encore vous qui riez de tout. Cette pensée profonde a été si solennellement rendue par Delacroix, que vous avez été forcés de convenir avec tout le monde que le peintre est aussi bon poète que le poète s'est montré bon peintre.

PARIS

APRÈS LA CONTREDANSE

Litho. de J. Caboche-Garneray et Cie

Édité par le Charivari

34

Rue du Croissant

XLVI

APRÈS LA CONTREDANSE.

Le dernier coup d'archet a retenti ; le dernier coup de canon est tiré , la dernière chaise est brisée , M. Dufresne laisse égoûter son cornet à piston , et le bras de M. Musard reste suspendu dans les airs. La voix des garçons limonadiers se fait entendre ; les cris : orgeat , limonades et glaces! retentissent de tous côtés. Les masques se dirigent à travers un tourbillon de poussière vers le buffet. La contredanse est finie. Voilà le moment, voilà l'instant de l'intrigue , messieurs, mesdames , prenez vos places ! Voilà le règne des hommes mûrs, qui va commencer ! La contredanse appartient aux jeunes, aux étudians, aux clercs d'avoués, aux ca-licots. L'entr'acte est aux vieux barons allemands , tous les Alle-mands sont barons; aux milords anglais, tous les Anglais sont mi-

lords ; aux princes russes, tous les Russes sont princes ; et aux

journalistes français , tous les Français sont journalistes, excepté les gendarmes. Le domino noir descend de sa banquette, pour al-ler trouver les étrangers et leur dire mille choses aimables : l'ama-bilité est la vertu du domino français. C'est le domino qui nous a valu la réputation du peuple le plus aimable du monde, mais le do-mino est fort peu patriote. Aux indigènes, l'ingrat ! il préfère les Russes et les Allemands ; aux Russes et aux Allemands, il préfère l'enfant rouge et riche de la perfide Albion. L'Anglais est le roi du bal masqué. C'est pour lui que se disent les douces flatteries, que s'inventent les gracieuses agaceries, que se montrent les pieds les plus fripons , les mains les plus blanches , les épaules les plus at-trayantes et les yeux les plus mutins. C'est à lui surtout que se vendent cinq francs les bouquets de deux sous, les bonbons de six blancs et les oranges de dix centimes. C'est lui qui donne les meil-leurs soupers, qui fait frapper le plus de vins de Champagne. Heu-reux Anglais ! C'est lui qui possède les meilleurs chevaux et qui les

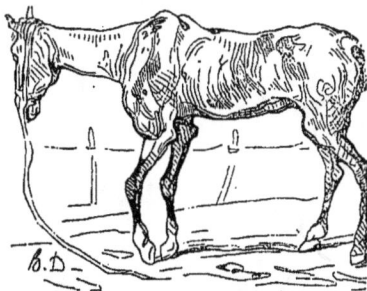

prête le plus volontiers aux bayadères de Musard, aux houris du Casino, aux sultanes de l'Opéra. Le prince russe passe pour être moins civilisé. Le domino noir lui trouve les mœurs moins consti-tutionnelles et les idées moins généreuses , les barons allemands lui sont aussi supérieurs. Le dernier des derniers pour le domino est le prince de Monaco. Le prince de Monaco est la bête noire du

domino ; aussi le verrez-vous, dans tous les bals masqués, errer so-litaire et triste comme une âme en peine. Pauvre prince ! Le jour-naliste français est assez recherché quand l'étranger ne donne pas, car le journaliste a toujours les poches pleines de billets de dames pour les bals à venir, et il entend le souper. Or, tout domino ne peut faire autrement que de souper. Il resterait plutôt dans la salle jusqu'au

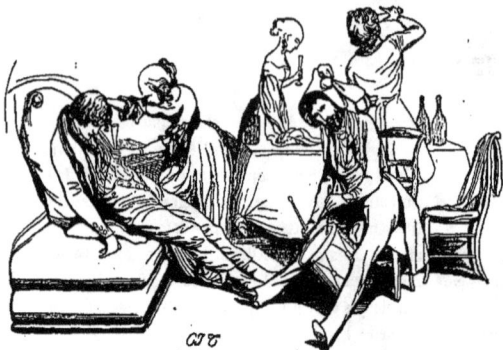

bal suivant que d'en sortir sans être muni de son souper. Quand le souper exotique ne se présente pas, il court après le souper na-tional. Autant le domino est pour la sainte-alliance, autant la pierrette, le débardeur féminin, l'odalisque, la batelière, etc., chérit ses compatriotes. Il faut dire que les masques sont ordinai-nairement plus jeunes que les dominos, qu'ils ont moins vécu, qu'ils savent moins d'arithmétique, qu'ils sont plus artistes : pour eux, le bal est un plaisir; pour le domino, le bal est une affaire. Le Français aime plus le plaisir que le commerce, et voilà pourquoi, suivant les lois éternelles de l'attraction, le masque et le Français qui se ressemblent se rassemblent. — Le masque ne passe pas l'en-tr'acte des contredanses au plaisir de la conversation pure, il pré-fère la conversation mêlée de consommation. Sa langue est plus vive, son esprit plus malin et plus joyeux devant la flamme du punch. — Mais voici que l'on accorde les violons et les canons, les clarinettes et les bâtons de chaise, les violons et le fouet du postillon de Longjumeau; M. Dufresne embouche son cornet à piston; Napoléon Musard monte sur la montagne d'Austerlitz; le combat, je veux dire la contredanse, va recommencer.

PARIS

LE DÉPART DU RÉGIMENT.

XLVII

JOUR DE DÉPART D'UNE GARNISON.

En province, le jour du départ de la garnison est un jour à jamais malheureux : la ville entière s'en émeut. La fatale nouvelle à peine connue, circule de toutes parts ; les bourgeois s'abordent d'un air triste, en disant : — Savez-vous le malheur qui nous arrive ? le régiment s'en va. — Eh ! mon dieu, quel malheur ! un

régiment si aimable , répond la dame, au bras de son mari. — Vraiment ! dit le mari, au bras de sa femme, des officiers si joyeux, si bons enfans. Tous ensemble : — Le gouvernement n'a

vraiment aucun désir de satisfaire les besoins locaux. Le jour arrive, toutes les têtes de la ville sont bouleversées ; c'est une distraction omnibus : les cuisiniers laissent brûler le dîner ou oublient de le faire cuire ; les nourrices laissent mourir de faim leur nourisson ; les femmes coquettes et jolies vont toutes au bain ou chez leur tante, ou chez leur grand'mère , pour passer par la place d'armes où se rassemble le régiment. Les épiciers, les bouchers, les cafetiers, les cabaretiers, courent à tous cas après leurs créanciers qui vont quitter la ville, et qui n'ont que des promesses à leur donner. Les lingères, les couturières, les mercières, les modistes, les repasseuses, toute la nomenclature des grisettes a les yeux rouges : on dirait qu'un rhume de cerveau épidémique s'est abattu sur cette intéressante partie de la population. Enfin, ce serait un mal irréparable, un malheur qui exciterait des révolutions certaines si le lendemain un autre régiment ne devait venir remplacer le régiment qui part.

A Paris, le jour du départ de la garnison présente un aspect tout différent : le bourgeois ne l'apprend que par les journaux,

quand le régiment est déjà à trois étapes de la capitale ; le militaire ne se mêle pas à la bourgeoisie. En province, le militaire vit dans une familiarité continuelle, il devient bien vite citoyen ; il demeure chez le citoyen, il mange chez lui, il donne des bonbons aux enfans, fait le piquet du mari et conduit madame au spectacle. A Paris, son service est beaucoup plus actif, sa paie plus forte ; il loge dans les quartiers éloignés, il a l'argent nécessaire pour se livrer aux plaisirs plus bruyans , il fuit les douceurs du coin du feu. Ses amours sont peu tenaces. Le marchand parisien est peu confiant ; aussi quand vous voyez un régiment s'en aller joyeux de la bonne ville de Paris, remarquez que les adieux sont froids et qu'il passe comme un inconnu à peu près du Parisien qui va à ses affaires, et qui ne le regarde seulement pas. Quelques bonnes d'enfans, bonnes âmes en vérité, quelques cuisinières du Marais ou du Gros-Caillou, se voient, par ci par là, auprès des soldats ; mais on voit bien qu'il ne leur faudra pas attendre l'arrivée du prochain régiment pour se consoler. Paris a toujours de la garnison pour la consommation de toutes les bonnes et toutes les cuisinières qu'il

peut renfermer dans son sein. Vous ne voyez pas non plus l'homme du peuple conduire à la barrière le soldat dont il s'est fait un camarade, pour lui donner le dernier adieu avec le dernier verre de vin. Le Parisien n'aime pas le militaire : il ne fraie pas avec lui, et naturellement il le voit s'en aller avec indifférence.

En province, le régiment regrette toujours la garnison ; à Paris, il la quitte toujours avec joie. Paris est le paradis des femmes,

l'enfer des chevaux et des tourlouroux. Le soldat aime mieux généralement boire le vin du cru chez *le Pékin* que d'avoir à leur donner des coups de fusil dans les émeutes. Il aime mieux se promener sur le bord des rivières et à l'ombre des bois de la province qu'à la porte des corps-de-garde ou des prisons de la capitale. En province, il pleure; à Paris, il rit en partant.

PARIS

LES MESSAGERIES LAFFITTE ET CAILLARD.

LA COUR DES MESSAGERIES.

La vie est un voyage.

Elle a des relais immuables pour tous tant que nous sommes; il s'agit seulement de ne pas s'égarer en chemin.

Notre projet est de vous conduire cette fois à l'un des bouts du passage Véro-Dodat. Tel est notre itinéraire, et vous l'aurez bientôt parcouru : le piéton est exposé à rencontrer des omnibus, l'imagination n'a rien qui puisse empêcher la rapidité de ses ailes.

Tout juste donc à l'entrée du passage ci-dessus, et coupant la rue Grenelle Saint-Honoré, est une maison immense bâtie sur cinq couches d'étages; à ses deux extrémités sont deux larges portes qui s'ouvrent comme celles d'une écluse lorsque s'échappe un flot de voitures. Devant ces mêmes portes se promènent gravement deux sentinelles, fusil sur l'épaule.

Ces sentinelles ressemblent assez à ces gardes-malades qu'on rencontre à son chevet quand on débarque dans la vie, ou bien lorsqu'on s'en éloigne.

Les deux soldats veillent sur une cour située au centre ; cette cour est une véritable Cour-des-Miracles , à cause des pauvres et des merveilles qu'on y voit. Or cette nouvelle cour des Miracles n'est autre chose que le bureau général des messageries Lafitte et Caillard.

Sans que beaucoup de personnes prennent la peine d'y penser , c'est sur cette même place qu'à toute heure vient se rouler et se dérouler le peloton des espérances humaines. Le ciel nous donne à tous bien du fil à retordre !

Chaque matin, ainsi que chaque soir, ce bassin de pierre s'emplit et se désemplit d'hommes qui auraient besoin souvent de plusieurs siècles pour réaliser leurs rêves. Les songes ne sont que mensonges, dit le proverbe.

Mais ces vérités profondes qui effraient les uns et que craignent d'embrasser les autres, sont comme ces vérités plus saintes et plus augustes auxquelles personne n'ose réfléchir; elles ont leur athées et leurs incrédules. L'athée de la cour des messageries, c'est le commis voyageur, l'illustre Gaudissar.

Le commis voyageur, maître viveur de la grande route, don Juan des hôtelleries de passage, est le ressort principal de ce mouvement perpétuel. A ses airs dégagés on reconnaît tout de suite l'homme qui se fait bien venir des servantes d'auberge et des conducteurs, qui découpe un poulet sur la pointe de la fourchette, possède la science du bouchon, étudie les crûs, et fait la commission pour la soierie, la rouennerie, et les autres articles.

Quel impie que ce commis voyageur ! pourtant il n'a pas encore semé l'irréligion assez loin pour qu'il ne nous reste plus quelques point de comparaison à trouver entre les petites choses et les grandes, quelques rapprochemens à faire à propos de cet abrégé de la vie à ressorts, de cette existence sur quatre roues.

Ainsi, il y a tel voyageur venu du bout du monde avec de l'or et des illusions qui repart quinze jours après le cœur et les poches vides.

Il y a tel solliciteur tombé de l'impériale avec une bourriche pleine de produits de son pays natal qui remonte bientôt en voiture avec un bureau de tabac dans sa poche.

Il y a encore cette jolie enfant débarquée fraîche et vertueuse de l'intérieur, qui rebrousse chemin, neuf mois après, grasse et grosse dans le coupé.

Il y a, en un mot, mille fait divers qui font que le moment où l'on touche le marche-pied de la banquette dans la cour des messageries, n'est que la première seconde du commencement et du terme de toutes choses.

Le cabriolet de l'espérance est si près de la rotonde du désenchantement !

Les figures des arrivans y apparaissent de toutes parts rayonnantes et réjouies au milieu d'un conflit de parapluies, de valises et de sacs de nuit.

La moitié de ces faces si joyeuses naguère s'en retourne penaude et efflanquée, un nécessaire sous le bras, un bonnet de soie noire sur sa tête.

En ouvrant la portière de la diligence qui arrive du nord ou du midi, de l'est ou de l'ouest, les voyageurs ont un assaut à soutenir. Tout le monde s'empresse pour leur offrir la main. C'est à qui soutiendra les jeunes dames en voile vert; c'est à qui prendra les paquets du monsieur décoré de cheveux gris et d'un ruban rouge.

Par ici, un commissionnaire ira vous chercher un fiacre. — Un fiacre , monsieur, un cabriolet ! voilà ! voilà !

Par là, un garçon de l'entreprise vous indiquera un hôtel : Hôtel d'Espagne, M. le cortès! hôtel Byron, milord ! hôtel de Naples, signora !

Un autre vous donnera malgré vous un coup de brosse sur le collet de votre manteau de voyage. — Faites cirer vos bottes, messieurs!

Un quatrième se chargera de porter votre boîte à chapeau, votre malle, votre rond de cuir, et autres ustensiles. Tous, sans scrupule, demanderont le pour-boire.

Et lorsque, par hasard, le départ est gai; quand vous partez comblé des petits gâteaux de la maman, arrosé des pleurs du papa, choyé, fêté, embrassé, tripotté par toute la famille, il arrive quelquefois que vous versez dans une ornière avant le premier relai. La maladresse des postillons de mam'Ablou est réputée en France. Les étourdis n'en font jamais d'autres.

Heureux si dans un cas différent, et pour varier vos jouissances voyageuses, vos malles n'ont pas pris la route de Lille tandis que vous vous dirigez vers Marseille ! Cent fois heureux, si vous n'avez pas oublié de faire viser votre passeport et d'emporter des cadeaux pour votre femme et vos filleuls ! Mille fois heureux si vous parvenez à gagner sain et sauf votre destination à travers tous les inconvéniens de la diligence : les dîners réchauffés, les fossés bourbeux, les postillons qui s'endorment, les maîtres de poste qui jurent, les gendarmes qui vous demandent vos papiers, les préposés qui visitent aux barrières, les voisins qui font un oreiller de votre épaule, les marmots que la voiture incommode, et les commis voyageurs qui bravent l'ordonnance et achèvent leur cigare dans l'intérieur.

Autrefois, il y avait une multitude de gamins de Paris qui vivaient des cartes et adresses de restaurans qu'on les chargeait de distribuer et dont ils accablaient les voyageurs arrivans pendant qu'on détetait les chevaux et qu'on descendait leurs bagages. Aujourd'hui, de gros gaillards se contentent de vous disloquer un bras ou de vous arracher un pan d'habit pour entraîner vos hardes et votre personne à l'hôtel qu'ils vous imposent presque le poing sur la gorge.

Ainsi, sans changer de place, et sous les arceaux de leurs bureaux nombreux, les messageries Lafitte et Caillard voient à chaque moment de la journée l'univers en raccourci; elles assistent au déploiement en petit des tribulations et des bouleversemens qui agitent la vie. Jeunes et vieux, espoir et déception, tout y passe, tout y vient, tout en sort par ses portes jumelles. Et comme il est démontré jusqu'à l'évidence que sur les pavés de cet endroit de Paris s'abattent sans cesse les quatre parties du monde, cette grande cour demeurera constamment comme un soleil dont les diligences sont les rayons.

Imprimerie Lange Lévy et Comp., rue du Croissant, 16.

www.ingramcontent.com/pod-product-compliance
Lightning Source LLC
Chambersburg PA
CBHW052221270326
41931CB00011B/2442